R 2240.
r-a.

11901-3

PIECES
PHILOSOPHIQUES.

PIECES PHILOSOPHIQUES

Contenant

I°. *Parité de la Vie & de la Mort*
II°. *Dialogues sur l'Ame.*
III°. *J. Brunus redivivus.*

OU

Traité des erreurs populaires.

PARITÉ
DE LA VIE
ET
DE LA MORT.

Dieu nous a donné l'opinion & s'est réservé la science.

AVANTPROPOS.

Les querelles religieuses qui ont désolé l'univers, depuis les plus anciens temps connus jusqu'au nôtre, ont leur source dans l'ignorance. A mesure que les préjugés, fomentés par l'intérêt, se sont accrus, les idées primitives se sont obscurcies, & la Religion & la Politique s'étant prêté de mutuels secours pour captiver les hommes, elles ont mis toute leur application à supprimer les principes dont la connoissance pouvoit faire renaître en eux l'idée de la liberté naturelle.

On peut dire à l'honneur des Anciens, qu'ils ont pensé & senti, à peu-près, tout ce qu'on pensera & sentira à jamais : nous avons éclairci quelques matieres, & jetté la confusion dans un grand nombre d'autres ; ensorte que sans prétendre que nos Peres ayent touché la vérité, on peut neanmoins affirmer que nous nous sommes toujours approchés de l'erreur, en raison de notre éloignement des premiers temps.

DES hommes que la ruse ou la force réduisirent à l'esclavage, durent nécessairement s'accoutumer à n'acquérir plus de notions, que celles qu'il plut à leurs Princes & à leurs Docteurs de leur donner; & ces notions, sans doute, durent toujours avoir pour objet quelque Etre ou quelque maniere d'Etre horrible, & capable d'en imposer aux plus intrépides, parce que le Despotisme civil & religieux ne sçauroit avoir d'autre fondement que la crainte.

DANS le nombre des mobiles propres à retenir l'homme sous le joug, l'entrée & la sortie de ce monde parurent aux Politiques & aux Prêtres, les plus puissans de tous. Ils firent envisager la naissance comme un bienfait duquel la reconnoissance devoit s'étendre sur tous les actes de la vie, qu'ils se chargerent de diriger, selon certaines loix : Ils représenterent la mort comme le plus terrible de tous les accidens, non seulement parce qu'elle opere la dissolution de l'individu qui l'éprouve, mais encore parce qu'elle est le premier terme d'une nouvelle maniere d'être dont le malheur ou la félicité dépendent du plus ou moins de soumission que nous aurons déférée aux pouvoirs qui nous régissent, & dont

AVANT-PROPOS.

la durée n'a point de bornes.

Ainsi de simples mais nécessaires modifications de la nature sont devenues des effets d'une *volonté connoissante*, devant laquelle tout doit fléchir, & qui ne manifeste ses desseins & ses desirs, que par l'organe de certains *imposteurs* qui ne manquent pas de la faire parler quand leur intérêt l'exige.

Le bien de la naissance, le mal de la mort, (*a*) ne sont point de l'invention d'aucune des Sectes qui subsistent aujourd'hui. L'origine de cette opinion se perd dans la nuit des temps. Elle fut combattue sans doute, dès qu'elle parut; mais la sotise des peuples, la foiblesse des Philosophes, & la violence des Princes, ne permirent pas qu'on vînt à bout de détruire cette cause efficace de la plus grande partie des calamités qui affligent les hommes. Il a fallu attendre le retour de la Philosophie pour mettre la main au grand ouvrage de la destruction des préjugés; & comme les chefs des nations leur avoient procuré l'existence,

___
(*a*) On a varié à l'égard de ces deux modes comme en tout le reste. Certains peuples ont pleuré à l'entrée dans la vie qu'ils regardoient comme un mal. La mort de leurs proches étoit un sujet de joye pour eux.

A 3

il faut auſſi qu'ils ſoient anéantis par la main des Souverains. En travaillant au bonheur du genre humain, dont ils font partie, ils aſſureront leur propre félicité.

Sans prétendre blâmer les ſoins qu'ont pris pluſieurs Modernes célèbres pour nous éclairer, nous penſons que la coignée des Anciens peut s'employer avec ſuccès à déraciner le grand arbre des préjugés. Parmi ces Anciens quelques-uns ont cru que la vie & la mort pourroient bien n'être qu'une ſeule & même choſe. Ce ſentiment hardi & bien capable d'étonner des ames puſillanimes, n'eſt pas abſolument deſtitué de preuves. Les Sceptiques qui l'adopterent le réduiſirent en ſyſtême, & nous allons voir que s'ils n'ont pû le porter juſqu'à la démonſtration géométrique, du moins leurs adverſaires n'ont pû le détruire, & ſe ſont bornés à attaquer cette hypothèſe par d'autres ſuppoſitions dont les contraires avoient tout l'avantage que donne le plus haut dégré de vraiſemblance.

Un ſyſtême qui a été embraſſé par les plus célèbres Philoſophes de l'antiquité, ne pouvoit pas demeurer dans l'oubli où des ſiècles barbares l'avoient plongé. Un Sçavant, né dans le 17e.

AVANTPROPOS.

siècle, voulut l'en tirer; mais toutes les précautions qu'il prit n'ayant pu faire trouver grace à son Livre, il fut comme anéanti, & l'on en trouve à peine des extraits manuscrits. Les personnes qui ont quelque connoissance de la Littérature, s'appercevront aisément des endroits que nous prenons de cet Auteur, & cet aveu doit suffire pour marquer notre reconnoissance envers lui. Le nommer, seroit risquer de renouveller d'anciennes querelles & rallumer la bile de cette espece d'hommes qui ne vivent qu'en les perpétuant.

ARTICLE I.

Idée du syſtême des Sceptiques ſur la nature.

COMME nous ne prétendons garantir aucune opinion, il faut ſe ſouvenir toujours qu'il n'eſt queſtion dans cet Ouvrage que des ſentimens des Sceptiques. On ne doit pas non plus être choqué de ce que leurs notions different des notres. Ces gens-là n'ont point eu primitivement le ſecours de la révélation; ils vivoient avant que les hommes en fuſſent éclairés, & leurs ſucceſſeurs les ont ſuivis par habitude. Leur ſyſtême ne ſe reſſent aucunement de cette métaphyſique ſubtile dont nous avons ſaiſi les plus ſecrets reſſorts; mais il faut avouer qu'en Phyſique ils avoient des principes, & qu'ils ne forçoient pas les conſéquences.

Dans la doctrine de ces anciens Philoſophes la vie & la mort n'étoient qu'une ſeule & même choſe, quant à la ſubſtance. Le raiſonnement qui ſuit les fondoit dans cette opinion.

Dans la nature, diſoient les Sceptiques, il n'eſt qu'un premier principe, ou qu'une substance. Les attributs essentiels de la matiere sont par-tout semblables; & elle n'est autre que la base & le fondement de tous les Etres. Son essence nous est absolument inconnue; nous sçavons seulement qu'elle est étendue, que ses parties sont distinctes, qu'elle est imperceptible, divisible à l'infini & impénétrable. Quoiqu'aveugle, insensible & sans connoissance, ajoutoient-ils, elle n'est cependant pas sans force ni vertu, & tout ce qu'on dit pour établir son inertie, ne sçauroit combattre l'expérience. Indifférente à être ceci ou cela, la matiere est mobile & pliable en tout sens, susceptible de toutes sortes de formes, & telle enfin qu'il n'y a rien qui n'en puisse naître. De son aveuglement & de sa vertu de produire, il résulte qu'elle fait tout nécessairement, sans choix, & sans sçavoir ce qu'elle fait, & que ce qu'on appelle arrêts, ordonnances de la Nature, consiste seulement en ce qu'elle exécute ses effets, après que le mouvement qui lui est propre en a établi exactement les causes.

Après avoir établi le principe, passons à la conséquence que les Sceptiques en tirent. Si cette substance que nous nommons matiere, disent-ils, soit qu'elle engendre les corps, soit qu'elle les corrompe, est toujours la même : si elle n'est nulle part sans ses attributs essentiels : si la différence qui se remarque tant dans ses générations que dans ses corruptions, ne vient que des qualités sensibles qu'elle prend & qu'elle perd par succession de temps, il faut que la substance qui se corrompt soit la même que celle qui s'engendre ; il faut que celle qui est morte ne differe point de celle qui est vivante ; il faut, par une suite nécessaire, que la vie & la mort soient une seule & meme chose, puisqu'elles ne sont que des modifications d'une seule & même substance. La destruction des qualités sensibles ne fait rien à la matiere qui en est douée ; car les qualités ne sont point dans les sujets auxquels nous les attribuons ; & les jugemens que nous portons dans ce cas, ne sont pour l'ordinaire que le résultat de fausses perceptions, telle qu'est celle qui nous fait affirmer qu'un bâton est courbe, parce que nous ne le voyons que plongé dans l'eau, quoique nous soyons forcés d'avouer qu'il est rectiligne ou droit quand il en est retiré & que le prestige de l'optique est détruit.

ARTICLE II.

Les qualités que nous rapportons aux objets ne sont point en eux.

CE que nous sentons à la présence des objets, est un sentiment qui n'est point ailleurs qu'en nous, qui n'est point dans l'objet auquel nous le rapportons, & qui ne lui ressemble point. La perception d'une flèche excite en nous la sensation d'une pointe acérée & capable de nous percer, quoique par sa substance cet instrument soit incapable de produire l'effet que nous craignons. C'est qu'alors nous faisons abstraction aux conditions qui sont nécessaires à la flèche pour devenir un instrument meurtrier. Il en est de même des sensations & des idées que les objets extérieurs excitent en nous par l'entremise de nos sens.

BIEN loin donc que toutes les choses qui paroissent soient existantes, rien au contraire de ce qui paroît n'existe, parce que tout ce qui paroît même le plus diversifié aux yeux & aux autres sens, ne peut être qu'en nous, entant que nous sommes capables de sentiment, & non dans les objets, ou dans la substance à laquelle nous les rapportons, puisqu'elle est toujours très-uniforme en tout ce qu'elle a d'essentiel. Présentez une épingle à un homme; sans réflexion, il lui déférera la qualité ou propriété de piquer. Cet homme se trompe assurément : l'épingle n'a pas plus cette propriété qu'une meule de moulin. La substance de l'une n'est pas plus piquante que celle de l'autre; & cette qualité de piquer n'est nulle part ailleurs que dans l'idée de l'homme qui juge.

La diversité des sentimens que nous éprouvons à la vue des objets, & nos différens jugemens sur les mêmes choses, prouvent que ce que nous y rapportons n'y est point; car un même objet, qu'il soit celui de tel sens qu'on voudra choisir, ne peut contenir à la fois toutes les variétés qu'il présente aux sens des diverses personnes qui en jugent : donc ce que nous rapportons aux objets, n'est point en eux.

L'Esprit de l'homme, entant que créature, ne peut être un premier principe d'action : donc il ne peut agir que par des causes extérieures. Sans ces causes il resteroit dans l'inaction, comme à-peu-près dans le sommeil qui n'est point traversé de songes.

L'Esprit n'agissant que par des causes extérieures, & l'action de ces causes se terminant en lui-même, il en résulte des sensations & des idées qui ne peuvent se trouver ailleurs qu'en nous : donc nos sensations & nos idées nous appartiennent, & ne représentent point les objets tels qu'ils sont, quoique nous les rapportions hors de nous, semblables à ce que nous les avons imaginés.

Sur ce principe nous ne pouvons rien sçavoir des choses qui sont hors de nous ; nous n'avons rien de plus que la connoissance ou le sentiment des passions ou perceptions que les objets extérieurs produisent en nous, & qui ne peuvent être qu'en nous. Et qui sçait si, par la construction de notre cerveau, nous ne trouvons pas plutôt dans les objets qui nous environnent, ce qui nous convient, ce qui s'accommode à notre nature, que ce qui y réside essentiellement, & ce qui est absolument vrai ?

L'Esprit ou l'ame de l'homme est, comme son corps, une production de la Nature, ou de la *Substance universelle*, qui seule fait la *réalité* de tous les Etres. Mais comme cette substance est elle-même insensible, & ne sçait ce qu'elle fait quand elle agit, il s'ensuit que la connoissance qui naît de ses ouvrages est non seulement fort incertaine, puisqu'elle vient d'une cause si variable, mais encore qu'elle existe dans le sujet qui connoît, sans qu'il puisse se flater que ses sensations ou ses idées lui représentent les choses précisément telles qu'elles sont.

ARTICLE III.

La connoissance que nous avons d'un objet consiste dans le sentiment qu'il nous cause.

LES Etres extérieurs excitent en nous des sensations qui se diversifient en raison de la diversité de nos tempéramens. Que de sentimens différens une même femme ne peut-elle pas faire naître chez différens hommes ! C'est que les objets extérieurs sont couverts d'un voile que les yeux ni les sens ne sçauroient pénétrer : nous allons bien jusqu'à l'enveloppe, mais il faut en demeurer là. C'est qu'il n'y a rien de vrai, rien de réel, que cette substance inconnue qui est sous le voile; & que tout ce qui la caractérise, n'est que modestie, qu'incertitude & qu'inconstance. La vérité & le mensonge se présentent aux yeux sous les mêmes couleurs, & nous allons voir qu'il n'y a point de marques certaines pour les distinguer l'une de l'autre.

ARTICLE IV.

L'Evidence n'est point la marque de la vérité.

Nous ne parlons point aux Géometres dans cet Article, il ne s'agit uniquement que de ces gens qui osent affirmer ou nier tout ce qui leur convient dans un sujet quelconque, & qu'on nomme *Dogmatiques*. Voilà qui est évident, nous disent-ils; or l'évidence est la marque caractéristique de la vérité : donc &c. Il ne faut pas aller si vîte. Nous vous soutenons nous que l'évidence n'est pas une voye sure de connoître le vrai. En effet, nos sens & nos idées nous trompent; nous ne pouvons comprendre la nature & l'intérieur des objets, parce qu'ils n'agissent sur nos sens que par leurs surfaces extérieures; parce que l'un en juge d'une façon & l'autre d'une autre; parce qu'on ne peut assurer que celui-ci plutôt que celui-là en ait la véritable connoissance; & enfin parce que nous n'appercevons des objets que les sentimens qu'ils causent en nous, & qu'il n'est pas possible que ces sentimens, que l'un éprouve d'une maniere & l'autre d'une autre, y ayent tous du rapport, & en décelent la vraye nature.

Ce n'est-là qu'un raisonnement: apportons une preuve d'un autre genre: L'eau qui est au dessus du cours d'un moulin est claire, tranquille & comme dormante: dans le cours elle se meut avec rapidité, bondit, s'élance, écume, & perd sa transparence; au dessous du cours, elle reprend les mêmes qualités qu'elle avoit au dessus, & quitte celles qu'elle avoit dans le cours du moulin. Cependant c'est la même eau; ces différentes qualités qu'elle acquiert ou qu'elle perd, n'empêchent point qu'elle ne soit la même. En supposant que l'eau dans le cours fût vivante, & qu'elle fût morte au dessus & au dessous du cours, la vie & la mort de cette eau sont la même chose, ou la même substance, & ses qualités sensibles n'en changent point

la

la nature. Il en est ainsi du feu. Les parties qui s'embrasent & celles qui s'en vont en fumée sont une seule & même substance, modifiée diversement.

ARTICLE V.

Il est essentiel de s'assurer de la maniere dont se forment, s'accroissent & se détruisent les divers Etres ou modes de la nature, pour se convaincre de la vérité du principe qui veut que la vie & la mort sont une même chose. Origine des minéraux.

Les terres qui engendrent du vitriol, de l'alum, du nitre & autres minéraux, sont empreintes d'un germe ou d'une disposition intérieure, qui sert à les produire comme leurs propres fruits; mais la vie de ce germe n'est point distincte de la vertu qu'ont ces terres de changer en sa nature l'eau, l'air, ou les exhalaisons qui se trouvent dans la sphere de son action.

Il est bon de relever en passant l'erreur dans laquelle sont bien des personnes sur la formation des minéraux. Ce

B

n'est point parce qu'il se rencontre dans l'air & dans l'eau des matieres alumineuses, vitriolées & nitreuses, qui adherent à des matieres ou matrices convenables par leurs pores & par leurs tissures, que s'engendrent les minéraux. C'est une vieille erreur; car ces pores sont des choses mortes & sans vie, incapables de produire de minéral.

Les parties des minéraux sont liées ensemble comme celles de tous les autres Mixtes. Ils naissent de même de principes intérieurs qui préparent & digerent les matieres propres à s'y convertir. C'est par cette entremise que la nature forme & unit les parties des minéraux d'une maniere à nous inconnue.

Les minéraux se formant de l'air & de l'eau, qui en sont comme la matiere premiere, ils ne different de ces Elémens qu'en apparence; que par des modifications & des manieres d'être. Donc leur vie & leur mort que l'on connoît à la propriété qu'ils ont de produire leur semblable, & à ce qu'ils ont perdu cette propriété, n'empêchent pas qu'ils ne soient dans l'un & l'autre état substantiellement la même chose.

AR-

ARTICLE VI.

De certaines essences que produisent les terres, viennent les métaux.

C'EST en suivant la nature dans la chaîne de ses opérations, qu'on parvient à s'assurer qu'au moins tous les systêmes sont faux, & qu'il faut s'en tenir aux vraisemblances.

Lorsqu'on a épuisé tout le métal d'une mine, la terre qui en reste étant exposée à l'air & à la pluye, se charge & s'empreint avec le temps du même métal.

Les métaux, ainsi que les minéraux, viennent donc de certaines terres dont la vertu paroît animée & vivante, en ce qu'elle convertit l'air & l'eau qui s'y mêlent, en la nature du métal qui lui est propre. Ces diverses imprégnations augmentent le poids des terres, & les particules de germes qu'elles contiennent, en communiquant la vie qui leur est propre essentiellement, font croître & pousser le métal comme une plante.

ARTICLE VII.

La Pierre Philosophale, si elle est, montre assez évidemment que la Vie & la Mort sont la même chose.

Je suis très-convaincu que la découverte de la Pierre que les Philosophes appellent de leur nom Philosophale, est dans la classe des choses impossibles ; mais je suppose pour un moment que cette Pierre pût exister. La poudre de projection ne seroit-elle pas réputée vivante, en ce qu'elle convertiroit en sa propre substance les métaux imparfaits ? Lorsqu'ensuite il s'en feroit par la fonte un lingot d'or ou d'argent, ne pourroit-on pas la regarder comme morte ? Oui sans doute, puisqu'alors elle perdroit la vertu de transmuer les métaux. Ainsi la pierre ou le lingot, la vie ou la mort de ce mixte, ne different que par des changemens de tissures, & ne sont au fond qu'une même substance.

ARTICLE VIII.

La sève construit & fait tout dans les Plantes.

IL n'y a point de Plante qui ne tire son origine d'une sève, d'une essence ou d'une Forme substantielle. Point de sève qui ne vienne de l'air, de l'eau & de la terre, qui lui fournissent toujours des choses informes qui prennent bientôt sa nature & s'y mêlent.

LA sève est le principe de vie de la Plante, elle en fait tout le méchanisme, à-peu-près comme la substance universelle fait toute la structure de l'univers : & je pense avec les Sceptiques que les Dogmatiques ne peuvent apporter que des distinctions contre ce sentiment.

MAIS, dira-t-on, comment cette sève, qui prend son origine dans des Elémens qui par eux-mêmes n'ont point de vie, peut-elle devenir le principe vivifiant de la Plante ? C'est-là le secret de la nature. Elle ne l'a point encore révélé. Tout ce qu'on peut présumer, c'est que les Elémens, sans vie dans leur premiere origine & dans leur pur état d'Elémens, deviennent vivans fi-tôt qu'ils entrent dans la compofition de la fève & qu'ils ne font plus qu'un même corps avec elle.

Ainsi donc la vie de la Plante vient d'une chofe morte, comme fa mort vient d'une chofe vivante, & ce qui fait la vie de la Plante eft précifément ce qui étoit auparavant fans vie, comme ce qui en fait la mort ne differe en rien de ce qui étoit auparavant fa vie. D'où l'on conclut bien naturellement que la vie & la mort de la Plante & de tout autre individu compofé, ne different qu'extérieurement, & par des qualités fenfibles; mais qu'elles font une feule & même chofe par tout ce qu'elles ont d'intérieur, de fubftantiel & de réel.

ARTICLE IX.

De la formation de l'Animal qui s'engendre dans un œuf.

Dans la production des Etres, la nature agit d'une maniere uniforme, & fi uniforme que fi la plus grande partie des hommes n'étoit aveuglée par les préjugés, il suffiroit d'avoir fait voir comment s'engendre le dernier des Etres de la nature, pour indiquer la route qu'elle tient dans la formation de tous les autres. Sur ce principe contentons-nous d'observer ici comment se forme un oiseau, & n'en parlons que succintement, parce que dans la suite nous aurons occasion de montrer plus amplement comment ce qu'on nomme Animal s'engendre, s'entretient & se détruit.

Nous dirons donc d'après l'expérience, que dans la production des Animaux la nature opere comme dans celle des Etres dont nous avons déja parlé. En effet c'est le blanc de l'œuf qui fournit au germe, renfermé dans la cicatrice du jaûne, de quoi engendrer le Poulet. Le blanc est la matière morte, & le germe l'agent vivifiant.

L'une & l'autre substance du blanc de l'œuf & des parties du Poulet ne peuvent différer que par des changemens de tissures, par des qualités sensibles & par des apparences; la mort du Poulet ne differe donc de sa vie que par de nouveaux arrangemens qui n'empêchent point que ce qu'il y a de réel & de substantiel dans sa mort ne soit la même chose que ce qu'il y avoit auparavant de réel & de substantiel dans sa vie. Si notre principe de l'uniformité de la nature dans ses opérations n'est pas détruit, on peut étendre la conséquence à tout le genre animal.

ARTICLE X.

De quelle maniere se font les sèves ou les essences.

Les sèves ou essences produisent ce qu'on appelle la vie; il s'agit donc uniquement de sçavoir comment se forme la sève, & nous aurons déjà une notion certaine de la vie. Or ces sèves se forment des particules de la grande masse de l'air, où sont comprises l'eau & la terre. Le mouvement naturel à la matiere les échauffe, & lorsqu'après une parfaite digestion elles se sont unies pour former un tout, ce tout devient un levain, ou du moins quelque chose dont la vertu est de tourner en sa propre substance l'humeur qui s'y mêle ou qui se trouve dans la sphere de son action. Dans la suite l'air & l'eau ayant fourni à cette fève de quoi pousser & s'augmenter, elle paroît enfin sous la forme d'une Plante, d'un Animal &c.

Après avoir parcouru l'espace qui lui est destiné par la nature, c'est-à-dire, après avoir distribué tout ce qu'il y avoit de principe de vie acquis en elles, les fèves retournent dans l'air d'où elles sont tirées. Ainsi c'est toujours la même substance, celle de l'air & de l'eau, dont se forme la fève d'où vient l'animal ou le mixte, celle du mixte & enfin celle qui se résout & qui s'en va du mixte dans l'air, où est le rendez-vous de toutes choses.

Les variétés & les différens états qu'éprouve une substance n'y changent ni n'y ajoûtent rien : elle est la même dans la vie comme dans la mort de l'individu dont elle a fait la base : donc la vie & la mort sont réellement & substantiellement la même chose, comme les diverses modes des habits ou des coëffures ne sont que le drap ou la toile dont on les fait, & rien de plus.

ARTICLE XI.

De l'opposition des Systêmes. Leur incertitude invite à la tolérance. Le temps pourra amener les hommes à la vraie science : quelle elle sera, peut-être.

Si les Sceptiques dont nous rapportons les principes, eussent vécu dans les temps qui ont succédé à la révélation, on n'auroit pas manqué de leur objecter le dogme de l'immortalité de l'ame, celui de la résurrection des corps & de leur glorification ou damnation éternelle. Dans le Systême Chrétien il n'y a nulle parité entre la vie & la mort, du moins de certains individus; & puis cette ame ou levain de vie qui convertit en sa propre substance une masse de matiere proportionnée au volume de l'Etre qu'il doit produire, répugne à l'immission de l'ame que les Docteurs prétendent être faite au moment de la conception des animaux de notre espece, par l'Auteur de la nature. Mais des raisonnemens qui appuyent des dogmes, ne sçauroient détruire des principes de Physique. Il peut seulement y avoir erreur de part & d'autre, ensorte que les vérités naturelles que nous croyons connoître ne soient que des vraisemblances. Dans cet état de doute; disons mieux, dans ce Scepticisme qui de tout temps a fait la loi suprême du Sage, il faut répéter souvent les expériences. Quand elles se confirment, il ne faut point s'en enorgueillir, & quoique le sentiment fondé sur l'expérience contraire l'emporte sur celui qui n'a que des raisonnemens pour base, il ne convient pas de persécuter ses freres pour quelques dégrés de probabilité de plus. Il n'en est pas des sciences comme de l'art affreux qui détruit le genre humain : on ne les enseigne pas avec le fer & la flamme. Peut-être un jour viendra où les hommes sçauront tout ce qu'ils peuvent sçavoir. La masse de leurs connoissances pourra se réduire alors à de très-petits termes ; & peut-être ces mots, *nous sçavons que nous ne sçavons rien*, formeront-ils l'unique axiome d'une vérité reconnue. Comme les choses changent avec le temps, l'Article suivant, de frivole qu'il paroît aujourd'hui, pourra se convertir en précepte. Nos neveux profiteront de la découverte; mais s'il restoit quelque sentiment aux morts, à quels repentirs ne les livreroit pas leur conduite passée? Heureusement comme la vie efface le souvenir du non-Etre, de même la mort efface tout souvenir de la vie.

ARTICLE XII.

Du but où tend l'homme. Si les qualités sensibles ne sont que des modes, les actes de la vie ne sont rien en eux-mêmes, ni par rapport à la nature.

SI ce que nous appellons la vie des animaux n'est autre chose qu'une modification de leur substance, comme la configuration d'un morceau de cire n'est rien qu'un mode de la cire, on peut, ce semble, en conclure que les suites, que les annexes de cette vie, ne sont rien que des modes ou des façons d'être. La matiere triangulaire ne peche pas plus que la matiere ronde, & le mouvement d'une montre n'est pas plus coupable lorsqu'il agit, que lorsqu'il est en repos. Il en pourroit bien être de la science & des desirs, comme du mouvement ou de la figure. Ce ne sont que des modes, des manieres d'être, ou des idées de l'Esprit & de la Raison.

Un Vénitien célèbre, après avoir parcouru tous les états de la vie dans son Eloge de Rien, finit par ces paroles remarquables. ,, Toutes les choses de ce ,, monde s'en vont & se rapportent à ,, rien, on ne se repaît & on ne s'en-,, tête que de rien : c'est pour rien qu'on ,, plaide & qu'on dispute, qu'on se tue; ,, les hommes ne remportant de leurs ,, inquiétudes & de leurs travaux sur la ,, terre, que la honte d'avoir été les ,, dupes de rien."

La beauté même dépend entiérement du jour & de l'opinion, & n'est par elle-même rien de réel. Si l'on remonte à la source de tout, on est arrêté par la substance universelle, qui est le commencement & la fin des choses naturelles. Comme elle fait tout aveuglément & sans connoissance, ce qu'il y a de plus beau n'est pas plus à estimer que ce qu'il y a de plus laid, puisque les causes en sont également réelles & nécessaires, & que la nature n'a pas plus de peine à faire l'un que l'autre. Donc les choses ne sont ni belles ni laides par rapport à la nature qui les produit.

PARITÉ DE LA VIE

Il semble que tout concourt à étayer l'opinion des Sceptiques sur la parité de la vie & de la mort ; car si la même substance se retrouve partout, si les qualités sensibles qui la modifient ne sont rien quant à sa nature, si la beauté & la laideur, la rondeur, la blancheur &c. ne sont rien, ou du moins sont égales par rapport aux corps qu'elles modifient, la vie & la mort qui ne sont que des modifications des corps qu'elles affectent, ne doivent être rien non plus, ou du moins doivent être égales par rapport aux portions de matiere qui font le sujet de ces modalités.

ARTICLE XIII.

Ce que nous appellons le temps ou la durée n'existe point réellement : ce n'est rien qu'une succession d'idées.

Si les hommes sont tombés souvent dans l'erreur, faute de distinguer, l'amour de la distinction porté à l'excès, ne les a pas moins trompés. Lorsqu'on parle de la durée de la vie, par exemple, on sépare dans l'esprit cette durée de la vie même. Mais alors quelle idée se forme-t-on de la durée ? On en est encore à la définir, & l'on n'y parviendra pas. La durée de la vie n'est point distinguée de la vie même : donc la cessation de cette durée ne diffère point de la mort.

La durée de la vie, si elle est quelque chose, n'est que dans l'instant présent où elle existe. Les instans qui en sont passés, ni ceux qui sont à venir ne subsistent ni les uns ni les autres.

Si la durée de la vie étoit quelque chose de réel, elle subsisteroit indépendamment de la vie. Mais la durée de la vie n'est qu'une idée, ou qu'une simple modification de la substance de notre esprit. Donc comme cette idée n'est rien, la durée de la vie n'est rien non plus.

La logique des Sceptiques, si elle n'est pas vraie, a du moins des caracteres de vérité. Rapportons-en un exemple ; mais souvenons-nous de ce que nous dit l'Article IV, que l'Evidence n'indique pas toujours d'une maniere sure la réalité des objets que nous examinons. La durée, disoient ces anciens Philosophes, ne tombe point sur la substance, c'est seulement sur les modes alternatifs : tellement que si parmi ces modes il n'y en avoit point qui fussent accompagnés d'intelligence, ou d'idées qui se succédassent les unes aux autres, il n'y auroit point de durée à l'égard des modes, non plus qu'à l'égard de la substance. Donc, concluoient-ils, la Durée ou le Temps ne sont rien que des modes ou des idées de notre esprit.

On peut ajouter que la durée n'étant rien à l'égard d'une pierre, d'une plante, d'un métal, quoique ces Etres participent de la substance universelle, & cela parce qu'il n'entre dans leur composition aucune portion susceptible de l'intelligence & de l'idée, il s'ensuit de là que la durée n'est qu'une perception de l'esprit, qu'une opération de l'intelligence qui divise mal à propos la durée du sujet par lequel elle subsiste & dont elle n'est qu'un accident, comme la rondeur en est un du corps rond. Comme la conséquence de ce raisonnement est facile à tirer, on en laisse le plaisir au Lecteur.

Au reste, les Physiciens ne nous contesteront point que la vie est une propriété qui s'engendre & se répare sans discontinuation ; & que la mort n'est autre que la cessation entiere de

cette

cette propriété. Donc la vie & la mort ne font que des modes de la substance qui en est le sujet. Le changement de ces modes de l'un en l'autre n'est rien à la substance : ainsi que cette substance soit le sujet de la vie ou de la mort, c'est toujours la même substance. Donc l'une & l'autre sont substantiellement & réellement la même chose.

ARTICLE XIV.

Les avantages qui se rencontrent dans la vie & dans la mort, sont réciproques.

Si les animaux sont émus, effrayés & tremblans quand ils sentent les approches de la mort, c'est plûtôt parce qu'ils sont naturellement craintifs, que parce que la vie leur est un bien. On a vu des Criminels éprouver plus de frayeur en entendant un coup de tonnerre, qu'en fixant les yeux sur les instrumens de leur supplice. Un million de personnes frémissent au bruit de la foudre qui n'en frappera pas une d'entre elles. Mais quand toutes en seroient frappées, la substance qui constitue leur individu n'en éprouvera aucun changement essentiel. Cet accident, ne peut agir que sur les modes qui l'ont affectée, & si ces modes n'ont rien de réel que l'idée que nous nous en formons, n'est-ce pas une terreur panique que de craindre de perdre ce qu'on a de fictif, pour être réduit à la réalité ? Au reste, la vie & la mort naturelles seroient assez égales, si l'on pesoit le bien & le mal avec de justes balances, & qu'on s'accoutumât à ne plus regarder comme des réalités de simples modifications & souvent même des apparences.

ARTICLE XV.

La Physique prouve la parité de la vie & de la mort, en nous faisant voir que la mort s'empare de la vie, comme la vie rend vivantes les choses mortes.

Il nous est impossible de fixer un individu de la nature & de le suivre dans ses divers états, sans que nous ne nous sentions forcés de conclure que la vie & la mort sont fort égales, parce que les progrès qu'elles font l'une sur l'autre menent à cette conclusion. En effet, on voit dans la génération & la nourriture des animaux que les choses qui n'avoient ni vie ni sentiment (telles que les portions de matieres qui constituent leur individu, & les alimens qui l'entretiennent) les prennent par dégrés & les perdent de même, en retournant dans l'insensibilité où elles étoient auparavant.

Mais voici quelque chose de plus démonstratif, & dont on peut souvent avoir fait l'expérience. Je veux parler des progrès que fait la gangrène sur un membre froissé ou amputé. Ainsi la vie s'en va & fait place à la mort, comme des choses mortes deviennent vivantes. Cet exemple a toujours paru frappant, & nous ne doutons pas qu'il n'ait été un des plus puissans motifs qui ont déterminé les Sceptiques à soutenir que la vie & la mort ne sont que des façons d'*être* de la même substance.

ARTICLE XVI.

Les animaux fuyent la mort: d'où l'on tire cette conséquence qu'elle diffère donc de la vie. Réfutation de cette conclusion:

Ceux qui apportent pour preuve de la distinction de la vie & de la mort des animaux, leur répugnance à être détruits, ne font pas attention qu'ils confondent les idées & qu'ils prennent des accidens de la substance, pour la substance elle-même. Sans la crainte, la frayeur, la douleur & le sentiment que la nature imprime aux hommes ainsi qu'aux autres animaux, la mort leur seroit aussi indifférente qu'aux plantes qu'on arrache, ou qui meurent enfin d'une maniere quelconque. Mais cette crainte, cette frayeur, cette douleur, ne sont que des suites du sentiment, qui lui-même n'est qu'un mode de la substance, qu'un résultat de la configuration des parties matérielles qui constituent l'Etre doué de sentiment.

La seule conclusion raisonnable qu'on pourroit tirer de la répugnance des animaux pour la mort, c'est que les choses qui n'ont point de sentiment ont cet avantage sur celles qui en ont, d'être indifférentes à l'Etre ou au non-Etre, & que la privation des accidens qui font leur vie, ou la continuation de ces accidens, sont pour elles des conditions qui ne leur importent en rien.

La vie des animaux, quand elle est également mêlée de bien & de mal, n'est pas préférable à la condition insensible des plantes, des minéraux & des métaux. La vie, dans ce cas, n'est donc pas un plus grand bien que la mort, ni le sentiment que l'insensibilité.

Si l'on ne craignoit de déplaire à certains Philosophes partisans du mal auquel ils donnent une origine que nous ne pouvons découvrir à l'aide de la simple raison, on pourroit aller plus loin & dire: Plus de peines que de plaisirs dans la vie : donc le sentiment est plutôt un mal qu'un bien : donc encore la perte de tous les sens n'est point un mal.

ARTICLE XVII.

Les principes des sciences spéculatives ne peuvent s'employer contre les Philosophes naturalistes.

Les Théologiens peuvent disputer très-commodément, puisqu'ils se font eux-mêmes leurs principes, & qu'ils ne se fondent sur aucun des axiomes universellement reçus. En parlant du mal, par exemple, ils ne le considerent pas absolument comme quelque chose de réellement & essentiellement mauvais; mais comme l'antécédent du bonheur. Ils ne vous nieront pas que la douleur ne soit un sentiment désagréable, une sensation fâcheuse d'un objet qui imprime sur nous, par la voye de quelque sens que ce soit, d'une maniere trop vive; mais comme ils supposent que la douleur plaît à Dieu & qu'il la reçoit en échange des fautes que nous pouvons commettre, ils prétendent que plus l'homme souffre de douleur, & plus il est agréable à la Divinité.

Le Philosophe Sceptique, sans rien

imputer à Dieu, considere le bien & le mal comme des résultats nécessaires de l'ordre préétabli, & sans lequels le monde ne seroit point, ou du moins ne seroit pas ce qu'il est. Il tire cette induction de la connoissance qu'il a de la nature, & le Théologien, toujours guindé sur le principe qu'il s'est fabriqué, & ignorant ce qu'il y a de moins secret dans la machine du monde, ne sçauroit manquer de tout embrouiller par son obstination. En vain le Sceptique lui crie, suivez-moi, & je vais vous faire voir comment la nature s'y prend pour produire ou pour dissoudre les Etres qu'elle forme : la maniere dont ces deux divers états de la vie & de la mort se succedent, & la constante uniformité de la substance qui reste toujours la même devant & après la vie ou la mort, vous convaincront de mon sentiment sur la parité de ces modes. Le Théologien résiste, & quand il accorderoit la grace de permettre qu'on lui fît de la vérité de cette opinion une démonstration rigoureuse, soit malice, soit ignorance invincible, il résisteroit encore.

AUJOURD'HUI, si tous les hommes ne voyent pas, du moins un grand nombre cherchent à voir ; & puisque nous avons tant fait que de mettre sous leurs yeux les principes sur lesquels se fondent les Sceptiques lorsqu'ils soutiennent que la vie & la mort sont une seule & même chose, nous croyons devoir ajouter quelques essais sur la maniere dont se font la vie & la mort dans les animaux. Nous parlerons toujours d'après l'expérience, & nous éviterons le plus qu'il nous sera possible tous les termes inintelligibles pour la plupart des Lecteurs. Cette légere connoissance de la marche de la nature, fera sentir que si les Sceptiques n'ont pas découvert la vérité, ils se sont du moins éloignés de l'erreur.

ARTICLE XVIII.

Dissertation très-succincte sur le procédé de la Nature dans la formation des animaux. Expériences qu'on ne peut contredire que par d'autres expériences.

C'EST de la lecture réfléchie de cet Article que dépend la parfaite intelligence de l'opinion des Sceptiques sur la vie & la mort. L'expérience n'est pas toujours un moyen infaillible, il est vrai, de dévoiler le secret de la Nature : on peut, à son aide, parvenir à sçavoir la maniere dont elle peut faire les Etres, mais non pas toujours la maniere dont elle les fait. Cependant il nous semblé que c'est beaucoup que de pouvoir s'assurer soi-même que dans quelque situation que se trouvent les individus naturels, la substance, ou plutôt ce qu'il y a de réel dans leur existence, ce qui en fait la base, n'éprouve aucune altération, & que l'existence ou la non-existence apparente des modes dont elle est le sujet, ne la touche en rien.

Sans assurer, comme le font les Théologiens, ce qui précisément donne l'Etre, nous nous contenterons de dire que ce qui commence la vie des animaux, est un principe qui vient d'autant de causes que leur vie même. Pour s'en convaincre il suffit de conférer les préparatifs de la semence, avec les conditions de la vie.

Ce premier principe qui multiplie comme le feu, c'est-à-dire, qui dévore & convertit en sa propre substance tout ce qui est dans la sphere de son action, est le fondement, ou, si l'on veut, le commencement, le progrès & la fin du corps & de la vie des animaux. Il germe, il pousse, il construit, il fait le mouvement des humeurs ; en un mot, il est tout, parties, liaison de parties, humeurs, propriétés & fonctions : il se modifie & se transforme en toutes leurs parties, de même que la fève qui se forme, comme nous l'avons dit ci-devant, par le concours de l'air & de l'eau dans les plantes, en fait du bois, de la moëlle, de l'écorce, des fleurs, des feuilles, des fruits, des qualités, des vertus, &c. Ce premier principe est l'humide radical. Mais choisissons un exemple dans le régne animal, & ce sera le fil d'Ariane qui nous conduira dans les replis tortueux de la nature.

Le germe du Poulet est une étincelle ou une particule de fève, ou d'humide radical, qui réside dans la barre, dans les points & dans les cercles qui forment la cicatrice ou la tache blanche qu'on apperçoit dans le jaune de l'œuf.

Cet humide radical, par son activité, tourne le blanc en sa propre essence, comme le feu change le bois en feu, pénètre au travers de la cicatrice, se mêle avec l'étincelle de germe & en augmente le volume ; le cuit, l'épaissit peu à peu, & devient propre à former les parties du Poulet, qui, quoique différentes, naissent toutes d'une même fève, d'une même essence, ou d'un même humide radical.

En suivant l'étonnante transformation de l'œuf en poulet, nous avons observé que la barre qui est en travers du petit cercle qui occupe le centre de la cicatrice, est la premiere racine de l'épine, & même nous avons découvert à force d'attention que cette partie de l'épine la premiere formée, est celle qui répond à la poitrine. La preuve en résulte d'une opération que chacun peut répéter; c'est que le cœur qui est vis-à-vis, est sensiblement le premier viscere qui se forme, puisqu'on le voit battre dès le troisieme jour que l'œuf a couvé.

Ce qui semble autoriser l'opinion qui veut que l'épine soit la racine de la poitrine, du bas-ventre, de même que des visceres, c'est qu'on voit dans le cours de la génération du poulet, vers le septieme ou huitieme jour qu'il est sous la poule, les côtes de la poitrine pousser de l'épine, avec les chairs & les membranes qui enveloppent enfin la poitrine, puis le bas-ventre. De là, sans doute, le foye, l'estomac, la rate, les boyaux, les reins, & enfin les parties-basses pour l'excrétion de la semence, &c. selon les différentes parties de l'épine sur lesquelles l'humide radical appuye. Ce n'est point, au reste, sur un exemple particulier que je me fonde; j'ai continué l'expérience sur un avorton humain; & ceux qui voudront la répéter, en conclurront comme moi que la diversité des visceres & des chairs du bas-ventre, de la poitrine, & peut-être même de tout le corps pourroit bien venir originairement de la diversité des parties de l'épine, tant immédiatement que médiatement, puisqu'elles peuvent pousser de parties en parties des choses qui paroissent aux sens fort diversifiées, bien qu'elles viennent toutes d'une même essence, ou d'une même sève.

On observe avec non moins de surprise que les visceres, les chairs, les tendons, les os, &c. ne se construisent dans l'animal, qu'à mesure que l'humide radical s'épaissit: d'où l'on semble pouvoir conclure que l'humide radical fait tout dans les animaux. En effet, cet humide s'appliquant sur les parties faites ou commencées, il devient la base & le fondement de toutes celles qui composent l'animal. La maniere de produire de la nature n'est point instantanée; c'est lentement & par dégrés qu'elle agit. A chaque portion de l'individu qu'elle extrait de l'insensibilité, les veines de la nouvelle production s'abouchent exactement avec celles de la précédente, les nerfs avec les nerfs, les membranes avec les membranes &c. Tout se fait & se lie avec une extrême justesse, par des causes aveugles, mais nécessaires, & merveilleuses.

Lorsque les parties d'un Embrion, ou du moins quelques-unes, soit solides, soit humeurs, sont formées, elles ne servent point encore à la vie de l'animal. Les parties qui forment un viscere, par exemple, n'ont d'abord aucun rapport avec les autres parties de l'animal, parce qu'il faut un certain temps à la nature, ou à l'humide radical, pour s'affermir & acquérir de la consistance, & lier par des membranes un viscere avec un autre, & les vaisseaux ou les conduits dont il est fait. Il faut encore que les humeurs séjournent dans les vaisseaux, avant que de devenir assez fluides pour circuler avec celles qui en sont proches, & qui sont déjà en mouvement. En observant avec soin divers animaux depuis les jours qui suivent leur conception jusqu'au temps d'une formation plus parfaite, on reconnoît d'une façon sensible que la nature fait d'abord des veines avec du sang qui ne se meut point, sans qu'elles ayent de rapport avec d'autres veines qui sont aussi quelque temps sans usage, & qui ne sont encore que comme des préparatifs brutes ; mais qui se perfectionnent avec le temps, pour servir à la construction du corps de l'animal, ainsi qu'à sa vie.

Pour achever de se convaincre de la maniere dont l'humide radical peut servir de moyen de s'unir à des parties éloignées les unes des autres, & comment le fœtus reçoit par les arteres hypogastriques, qui aboutissent au placenta, la nourriture & l'esprit vivifiant, il suffit d'observer de quelle façon les vaisseaux du nombril s'abouchent avec ceux du placenta, & comment les arteres portent ensuite par le nombril le sang du Fœtus au placenta & les veines du placenta au Fœtus.

Les expériences réitérées faites sur divers animaux, soit avant leur entiere conformation, soit peu de temps ou plusieurs années après leur naissance, semblent prouver d'une maniere bien uniforme que les humeurs & les membranes qui les enveloppent s'engendrent en même temps, que c'est de l'humide radical que toutes les parties de l'animal prennent leur nourriture, leur accroissement, & qu'elles s'augmentent toutes également; & si quelqu'un veut prendre la peine de répéter les expériences très-simples qu'on a faites sur cet objet, on demeurera convaincu, autant qu'on peut l'être par rapport à des choses qui sont hors de nous, que la nature suit toujours le même ordre dans la formation des animaux.

Ces détails servent à faire voir que beaucoup de gens ont jusqu'ici confondu les actes primitifs de la Divinité avec les actes secondaires de la Nature. Que l'existence d'une substance générale dont les propriétés sont infinies & qui se modifie en une infinité de formes particulieres, par la faculté qu'ont ses principes ou sèves, après qu'elle les a produits par sa force; que l'existence d'une telle substance, dis-je, soit l'ouvrage autant admirable qu'incompréhensible d'une cause distinguée d'elle & douée de connoissance & d'intelligence, c'est ce qu'on ne nie pas, & ce qu'il n'y a pas lieu d'examiner ici. Mais qu'après avoir admis ce premier acte de souveraineté toute-puissante, on prétende encore que l'origine des Etres journaliers soit l'effet d'une volonté de cette premiere cause, & qu'elle répete à chaque individu l'opération qu'on lui attribue en faveur de la substance qui fait la base de tous, c'est ruiner le grand acte de la premiere formation, ou création. C'est plus ; c'est rendre une cause connoissante & suprêmement intelligente, responsable de toutes les bévues, de tous les écarts dans lesquels peut tomber une cause aveugle & stupide qui produit nécessairement & sans choix le bien & le mal, & dont ce que nous appellons les jeux & les hazards, ou les caprices, ne sont que des effets d'une ignorance & d'une indifférence qui produit & détruit tous les modes sans peine & sans plaisir.

ARTICLE XIX.

La vie de l'homme s'accroît par dégré & se fortifie de même.

Si l'on admettoit dans tous les cas la méthode des Géometres, qui fixent
leur

leur attention sur les termes donnés & connus, pour parvenir à ceux qu'ils ne connoissent pas, on purgeroit bientôt la terre d'une multitude d'erreurs. Voulant m'assurer si toutes les parties d'un individu contribuoient dès le moment de sa naissance à sa vie, & s'il n'en étoit pas qui, quoiqu'existantes déjà, mais nouvellement engendrées, étoient encore dépourvues des facultés qu'elles auront dans la suite, je continuai à chercher dans un poulet la solution de mon doute.

En cassant un œuf déjà couvé depuis sept jours, j'avois remarqué la vésicule du fiel existante & de la grosseur d'un point. J'ouvris ensuite un poulet âgé de deux jours, j'en pressai fortement la même vésicule, mais il n'en sortit rien. Comme il ne parut point qu'il eût coulé la plus légere portion de bile dans l'intestin, il me sembla démontré que ce défaut d'épanchement, que je voulois exciter, ne provenoit que de ce que la liqueur qu'elle contenoit n'y avoit point encore de cours. J'en conclus que quand un Enfant vient au monde il a des parties qui, ne faisant que s'engendrer, ne servent point encore à sa vie, mais qui avec le temps acquierent plus de perfection, & des qualités telles que cel-

D

les de se mouvoir, de sentir, d'avoir des desseins, des inclinations, des aversions &c.; & que les passions qu'on exprime par un seul nom, comme si c'étoit une seule chose, sont chacune en particulier faites par parties, & qu'elles ne sont qu'un concours d'une infinité de causes, comme est la vie des animaux elle-même.

ARTICLE XX.

Examen du procédé de la nature dans la formation de certaines parties de l'homme.

LA plupart des hommes, à l'inspection d'un cadavre ouvert, s'écrient au miracle, & ne peuvent concevoir que la nature seule produise cette admirable structure. Sans doute, il entre dans la composition des corps beaucoup de merveilleux; mais d'où vient enlever à la nature, que nous ne connoissons pas, le droit de produire des choses merveilleuses, sur-tout lorsque nous la voyons, dans l'observation que nous en faisons, commencer & finir tous les individus & leurs propriétés? Ces ramifications de veines, de nerfs, cet équilibre des humeurs, cette circulation, tout ce qui fait la vie de l'animal enfin, est une énigme pour nous, mais non pas un miracle. Ce que nous connoissons de propriétés de la matiere nous indique qu'elle en possede d'autres à l'infini.

Par rapport aux nerfs, aux veines, aux canaux excrétoires, nous sçavons quelque chose, & ce peu de connoissances est un motif bien raisonnable, ce me semble, pour nous faire reconnoître que toute existence partielle est due à l'opération de la nature.

L'humide radical, encore tout informe, commence à prendre la figure de vaisseau dès qu'il est plus épais, plus cuit, & qu'il s'est tourné en une chair fort imparfaite, qui tient d'une nature glanduleuse. Cette chair acquérant ensuite plus de consistance, se fabrique des vaisseaux sanguins &c. Le tout s'avance, se perfectionne & s'allonge, selon la nature de chaque partie, par le moyen de l'humide radical dont le foye & le pancréas se font & sont pénétrés. Enfin comme l'expérience nous montre que c'est une loi immuable de la nature dans la génération des animaux, d'en commencer les vaisseaux par les racines, de les allonger par dégrés, de les unir & de les aboucher enfuite à de plus gros vaiffeaux, nous pouvons conclure que les individus font tout entiers fon ouvrage. S'ils étoient l'ouvrage d'une autre caufe, ils ne pafferoient pas par tant de dégrés avant d'arriver à l'Etre complet, & tous les individus d'une même claffe feroient parfaits & parfaitement reffemblans.

ARTICLE XXI.

L'ame n'eft autre chofe que le corps ou les fonctions du corps.

S<small>I</small> de la conftruction du foye & de la véficule du fiel, vient la vie de ce viscere avec toutes fes facultés, il faut que la fabrique de tout le corps de l'animal, la bonne difpofition de fes parties, & le cours régulier de fes humeurs, en faffent toutes les actions & la vie; fans que fes actions ni fa vie foient diftinguées de fon corps.

La vie des animaux & les actions qui en réfultent, ou leur ame, ne peut donc être que les fonctions qui naiffent de leurs organes, comme leur formation & leur accroiſſement n'eſt que l'action ou la vertu de l'humide radical, qui produit un arrangement & une conſtruction de parties, ſans ſentiment lorſque l'animal commence à ſe former, & qui en acquierent à meſure qu'il s'accroît.

Après que l'humide radical a conſtruit les parties, & qu'elles ont la conſiſtance & le rapport néceſſaire entr'elles, il en naît néceſſairement la propriété qu'elles ont de ſentir, comme il naît de l'humide radical la propriété de conſtruire les parties, & comme il naîtra enfin de certaines conventions de matiere, que la nature engendre, ſelon les lieux, les temps & les circonſtances, la vertu de l'humide radical que n'avoit point la matiere dont ces conventions ſont faites. D'où l'on peut conclure que le ſentiment des animaux préſuppoſe quantité de cauſes inſenſibles qui le précedent; comme les facultés qu'ils ont de manger, de marcher, de voler, d'avoir des deſſeins, préſuppoſent non ſeulement toutes les cauſes qui font leur ſentiment, mais encore celles qui en particulariſent les eſpeces. Ainſi les Chymiſtes voyent ſortir de la combinaiſon de pluſieurs choses mortes en apparence, des phénomemes qui étonnent leur raison.

ARTICLE XXII.

Descartes prenant plusieurs actions matérielles pour une seule, dont il fait une substance, a mal pensé du sentiment des animaux.

SI ce Philosophe, l'un des plus célèbres qui ayent paru depuis la renaissance des Lettres, se fût astreint au précepte du doute qu'il établit si bien, il n'eût pas enlevé à la nature le droit d'engendrer le sentiment. Quoi donc, parce qu'il ne trouve pas dans l'idée qu'il a du sentiment, celle de l'étendue, qu'il estime être l'essence de la matiere, il en fait une substance immatérielle. Ne diroit-on pas qu'il prétend que ses idées sont la régle de ce que doit faire la nature, & qu'elle ne peut rien produire au delà de ce qu'il conçoit?

L'ERREUR dans laquelle est tombé Descartes vient de ce qu'il a ôté le sentiment, de ce qu'il a séparé, par la pensée, l'action du sujet de l'action, de ce qu'il a distingué l'ame du corps, par la seule raison que l'idée qu'il a conçue de son ame étoit indivisible & sans parties, au lieu que celle qu'il avoit du corps, renfermoit toujours de l'étendue & une division de parties à l'infini.

Mais si le sentiment est en nous le résultat d'une infinité d'actions qui concourent chacune de leur part & portion à le produire, il est nécessaire que notre sentiment ne soit pas seulement matériel, mais encore qu'il soit composé, & non pas indivisible, comme Descartes le suppose, bien qu'on le conçoive sans composition & sans division.

Les effets ressemblent aux causes qui les produisent, & participent de leur nature. Or faisons attention à l'impression que fait sur l'ouïe le son d'une cloche; il en est ainsi de la pensée que nous avons à la présence d'un objet; car il agit sur nos yeux à-peu-près comme la cloche, quand elle sonne, agit sur nos oreilles. Or toutes ces impressions sont matérielles comme leurs causes.

Si Descartes avoit sçu que la pensée est l'effet de plusieurs causes, il n'auroit pas conclu qu'elle est une substance indivisible, immatérielle & immortelle,

C'est la simplicité & l'uniformité de son idée qui l'a trompé: il en a conclu qu'elle étoit indivisible & immatérielle; & il a mal conclu. En suivant le fil de son opinion, il couroit après l'erreur; aussi la raison qu'il a donnée de la spiritualité & de l'immortalité de l'ame est-elle illusoire, si elle n'est pas pitoyable; puisque l'idée qu'il s'en forme est l'effet de plusieurs causes différentes, à ne considérer même que l'intime union de l'ame & du corps.

Rendons néanmoins justice à ce Philosophe, & convenons que ce n'est point d'une raison physique que se doit tirer la croyance de l'immortalité & de la spiritualité de l'ame. Pourquoi chercher dans la nature ce qui n'est point de son ressort? Toutes les inductions qu'on en tireroit ne pourroient servir qu'à jetter l'esprit dans l'illusion, sans donner l'éclaircissement qu'on cherche.

ARTICLE XXIII.

Dieu ne peut être semblable à l'idée qu'en a Descartes.

IL ne s'agit point ici d'une réfutation complette du systême de ce Philosophe, s'il est vrai qu'on puisse appeller systême une suite de suppositions gratuites & de propositions qui presque toutes sont niables. Nous n'attaquons dans cet ouvrage que des paradoxes que les Partisans de ce grand homme veulent ériger en principes. Il soutient, par exemple, que des idées que nous avons des choses spirituelles, reçoivent de ces choses spirituelles tout ce qui les forme, & qu'elles en ont toute la réalité ; que par-là on se fraye un chemin pour connoître Dieu par le seul moyen de la raison naturelle, & pour en désigner la nature, qu'alors on conçoit comme une intelligence infinie répandue par tout l'univers : & cette idée que je me forme de Dieu, ajoute-t-il, vient de lui, & par conséquent est réelle & ne differe de la

Divinité qu'en ce qu'elle n'est pas autant infinie qu'elle.

Que deviendroit la prétendue démonstration de Descartes si on lui soutenoit à son tour que l'idée qu'il a de cette intelligence infinie n'est point autre que l'idée qu'il a de sa propre intelligence ? Il le nieroit ; mais on lui répliqueroit : votre esprit peut multiplier un petit espace tant qu'il veut, & se faire ainsi l'idée de l'immensité. Cela est hors de doute. Eh bien, vous pouvez de même de tel nombre déterminé qu'il vous plaira, en le multipliant, en acquérir l'idée de l'infini.

C'est de principes semblables à ceux de Descartes, qui font prendre un mode pour une substance, que sont venus le fanatisme, l'enthousiasme, la contemplation, ou le Quiétisme. Ceux qui en sont prévenus regardent les qualités sensibles des corps, non seulement pour des effets de la Divinité, mais même pour la Divinité qui leur apparoît sous diverses formes : tellement qu'ils s'imaginent que Dieu les tromperoit, s'il n'étoit pas le même Dieu dont ils ont l'idée.

Ceux qui sont les dupes de tous ces systêmes philosophiques ressemblent assez à un homme de bon sens & de beaucoup d'esprit, qui, dans le sommeil d'une fièvre ardente, eut des visions béatifiques. En effet il y a, dans le nombre des apôtres ou des disciples de l'erreur, des gens d'un mérite supérieur, & leur autorité en impose. On ne veut pas considérer que souvent l'opinion est manie, ou maladie du cerveau, & que si l'on regarde l'esprit comme un royaume divisé en plusieurs provinces, on concevra qu'il peut très-bien y en avoir une fort ravagée, tandis que les autres sont saines & entieres.

ARTICLE XXIV.

Comment se fait le sentiment des animaux, selon Descartes. De la foible raison qu'a eue ce Philosophe de soutenir que la matiere ne peut acquérir de sentiment.

QUAND on bâtit des systêmes au gré de son imagination les expédiens se multiplient; mais la nature ne se prête point à nos caprices & va toujours à son but, selon les loix éternelles qui la dirigent. Descartes veut, par exemple, que les nerfs soient les seuls moyens par lesquels nous acquérons nos sentimens, & qu'ils soient toujours tendus comme une corde de luth. Mais comme il ne voit encore là que de la matiere, qui ne peut, selon lui, avoir de sentiment, il indique la glande pinéale pour le siége de notre ame. Ensuite, comme si tous les nerfs aboutissoient au cerveau, il en remplit toutes les cavités d'esprits-animaux, & prétend que ceux de ces esprits qui sont précisément vis-à-vis l'endroit du nerf piqué par une épingle, communiquant, comme par rayons, leur ébranlement à la glande pinéale, l'ame en soit avertie, & que cet avertissement est tout le sentiment que nous en avons.

Descartes tire une fausse conséquence en soutenant que la matiere ne peut acquérir de sentiment, parce qu'il en considere quelques portions qui n'en ont pas. Il ressemble à un homme qui se représenteroit du cuivre, & qui sçauroit qu'il est fusible, malléable & propre à mettre en limaille; mais qui cependant, sur l'idée de ces propriétés, nieroit qu'il fût capable de marquer les

Heures, par la seule raison qu'il ne conçoit pas que du cuivre puisse produire un tel effet.

C'est en suivant le fil d'un principe aussi hazardé que notre Philosophe nie que les Bêtes ayent du sentiment. Et la raison pour laquelle il leur enleve cette propriété, c'est qu'il ne conçoit pas comment la matiere, dont elles sont faites peut avoir du sentiment. Que diroit un Cartésien à quiconque lui feroit ce raisonnement: je ne conçois pas Dieu: donc il n'existe pas?

L'étude de la nature nous apprend que la matiere toute insensible qu'elle est naturellement, peut après des changemens & certaines constructions acquérir du sentiment. Il semble qu'on doit en être persuadé, quoiqu'on ne conçoive pas comment cela se fait, puisqu'on est d'ailleurs persuadé que la nature fait les métaux & les minéraux, les plantes & les brutes, sans qu'on le conçoive mieux.

On a vû un autre Philosophe (*) avancer comme un principe, que pour expliquer les effets de la nature, il suffioit à un Physicien de marquer les moyens dont ils peuvent se faire; quand même

(*) Rohault.

la nature ne s'en serviroit pas. Mais les rapports & les subordinations d'une infinité de causes dont la nature se sert, nous sont inconnus; il n'est donc point de Physicien qui puisse déterminer un seul effet certain d'aucune de ces causes. Le plus sage parti dans ce cas, est donc de rester dans l'enveloppe du doute, jusqu'à ce que l'expérience répétée nous montre enfin que peut-être nous ne nous sommes pas trompés, & que la chose est telle que nous la voyons ou à-peu-près.

ARTICLE XXV.

L'ame n'est point à l'origine des nerfs, comme croyent quelques Anatomistes modernes.

Pour détruire cette opinion il suffit de considérer que la substance du cerveau n'a pas plus de sentiment que n'en a la boue. D'ailleurs les partisans de cette opinion sont en contradiction avec eux-mêmes; car d'un côté ils soutiennent que l'ame est une, & selon leur systême, elle doit être très-divisée, puisque les nerfs tirent leur origine d'une infinité de petites glandes qui composent la substance corticale du cerveau, les corps cannelés, les corps optiques, &c. Or la contradiction est la marque caractéristique de l'erreur.

Au reste, il n'est pas apparent que l'ame soit à l'origine des nerfs plutôt que dans telle autre partie du corps qu'on voudra supposer, puisque les nerfs, les veines & les arteres naissent de chaque partie, & que leur premiere origine n'est pas plus dans le cerveau qu'ailleurs.

Si j'avois un parti à prendre sur cet objet, j'aimerois mieux dire que l'humeur qui est dans les filets nerveux monte quelquefois de bas en haut, comme elle descend de haut en bas. Cette opinion semble être confirmée par le tuyau de verre dont un Jésuite a parlé. Il étoit aussi fin qu'un fil d'araignée: courbé en syphon, & l'une des branches étant dans l'eau, l'eau y montoit d'un côté & descendoit par l'autre, mais si lentement qu'à peine il en tomboit une goutte en quatre heures.

L'humide radical dans les animaux, comme la seve dans les plantes, semble tout faire, corps & vie du corps, & il est très-hazardeux, par conséquent, de soutenir que la nourriture & l'accroissement des animaux se fait par les extrémités des arteres & des nerfs. Ces parties du corps ne sont pas propres à toutes les fonctions qu'on leur attribue, & si l'ame entendoit & connoissoit à l'origine des nerfs, comme plusieurs le croyent, elle devroit avoir la même propriété par tout le corps, puisqu'ils en tirent aussi leur origine.

Le cœur bat & sent, avant que le cerveau soit formé, ni qu'il puisse en recevoir les influences ; il a des nerfs, des arteres & des veines, sans qu'ils puissent acquérir ces facultés de l'ame. Conséquemment l'hypothèse qui établit l'ame à l'origine des nerfs dans le cerveau, n'est pas juste, puisqu'elle ne peut expliquer pourquoi elle ne voit ni n'entend point à l'autre bout dans les chairs & dans les visceres.

La maniere dont se fait le sentiment dans l'homme & dans les autres Etres de son régne, a été & sera toujours une source de disputes. Tout ce qu'on a dit là-dessus ne vaut pas même la peine d'être contesté, & la préférence qu'on donne à des spéculations, sur une expérience qui humilieroit l'orgueil humain, ne semble pas permettre que cette matiere soit

soit jamais éclaircie. Ce qu'il y a de sûr c'est qu'on n'explique pas mieux comment se transmet le sentiment par les membranes du corps, que d'autres Anatomistes font aussi venir de la Dure & de la Pie-Mere, prétendant que toutes les membranes en sont des productions & des allongemens, que par le moyen des nerfs. La maniere dont le fœtus se forme & dont l'œuf couve, détruit ces vaines hypothèses. Ce procédé de la nature, quand on le suit, montre clairement que l'humide radical dont les animaux se forment, n'a point de sentiment, & que le sentiment se produit par une infinité de causes qui n'en ont pas davantage. Ainsi le cœur du poulet bat dès le troisieme jour que l'œuf est sous la poule. C'est donc, du moins à ce qu'il paroît, de toutes les propriétés partielles de parties plus fermes, plus souples, & du rapport de ces parties, que résulte celle du sentiment. Donc toutes les suppositions de Descartes & de Willis qui établit le siége du sentiment dans les corps cannelés, celui de l'imagination dans la substance caleuse du cerveau, celui de la mémoire dans sa substance corticale, &c. s'évanouissent quand on suit, sans préjugé,

E

la nature dans la génération des animaux.

ARTICLE XXVI.

Le sentiment le plus universel des animaux vient de choses animées & vivantes qui n'ont point de sentiment. Du sentiment particulier.

IL ne s'agit point ici de démonstration, nous sommes assez heureux quand nous atteignons les vraisemblances. D'après elles on pourroit soutenir avec les Sceptiques, que le sentiment des animaux n'est que l'action qui résulte de quantités de causes vivantes qui concourent toutes à le produire dans un tissu de matiere qui l'acquiert, quoique de ces causes il n'y en ait point qui d'elle-même ait la propriété de sentir. Ainsi dans un moulin & dans une montre il n'y a point de pièce qui ait la propriété de moudre du bled ou de marquer les heures; parce que les effets ne viennent que de l'enchaînement, de la correspondance & de l'action unanime de ces machines.

Le sentiment particulier des organes de nos sens vient de causes sensitives modifiées par la structure de l'organe. Il n'est point différent du sentiment commun qui est toujours nécessité, puisqu'il n'est autre d'abord que le résultat de causes animées & vivantes, de l'action desquelles nous ne sçaurions disposer. Je ne puis empêcher une femme belle & voluptueuse & qui m'aime, de paroître devant moi en passant dans la rue, de me lancer un regard qui me pénètre, & dont l'impression est telle que l'organe du plaisir en moi en est affecté indépendamment de mon accession ou de mon refus.

Le sentiment particulier qui résulte de l'organe parfait, est non seulement la production des choses vivantes & animées, comme il étoit auparavant, mais même des choses sensitives. Il vient de divers sentimens partiels, modifiés selon la diversité des organes où ils passent. La diversité des modifications qu'acquiert le sentiment général dans les organes des sens, fait la vue dans les yeux, l'ouïe dans les oreilles, l'odorat dans le nez & le goût sur la langue. Si nous avions un plus grand nombre de sens, nous connoîtrions des choses dans la nature, desquelles nous ne pouvons avoir d'idées. Ces mêmes modifications en se subdivisant en une multitude d'affections, à raison de la nature des parties par lesquelles elles passent, forment souvent le sentiment particulier de plaisir & de douleur, de joye & de tristesse, de gloire & de honte, de pudeur & d'effronterie &c.

ARTICLE XXVII.

Il est une correspondance incompréhensible entre les organes des sens & tout le corps. Mais l'ouïe, l'odorat, le goût & l'attouchement n'ont point les uns aux autres la relation qu'ils ont chacun avec la perception.

Les Sceptiques avoient sans doute suivi la nature dans l'ordre qu'elle tient pour engendrer le sentiment général & particulier, lorsqu'ils ont conclu de la matérialité de ces choses, que les diverses modifications qu'éprouve un individu ne touchent en rien à la substance qui lui sert de base. Il faut avouer en effet que dans tout ce qui constitue l'homme & sa pensée & ses sentimens, nous n'appercevons que de la matiere ou des résultats de matiere, que des combinaisons, des liaisons, des rapports de matiere. La relation des parties fait tout, & souvent même le vice ou la vertu. Cette relation est incompréhensible, mais elle n'en existe pas moins pour cela. Faisons attention à l'impression que font sur un Amant les regards tendres & passionnés de sa Maîtresse ; & nous en conclurrons que comme il y a une merveilleuse correspondance entre chaque organe de nos sens & les parties du corps, laquelle ne se comprend point, on doit comprendre encore moins celle qui se fait quand plusieurs & même tous les sens sont affectés à la fois.

LORSQUE tous les sens agissent en même temps, ils produisent une perception confuse. Il n'en est pas de même, lorsqu'ils agissent séparément : il n'est personne qui n'ait éprouvé qu'on entend, sans sentir d'odeur, &c.

LES sentimens particuliers ne se font point, qu'ils ne soient accompagnés de perception, à moins que de fortes causes ne l'occupent trop. On s'en convainc en observant la relation merveilleuse & incompréhensible qui est entre l'organe de l'oreille en particulier, celui du nez, de la langue, & de la peau, avec l'organe de la perception ou de la vue. Nous sçavons que ces rapports existent, mais nous ignorons absolument comment ils se font.

L'HOMME est un individu dont les parties sont tellement liées & unies ensemble, qu'elles ont entr'elles des rapports & des commerces que nous ne concevons point; & nous ne sçavons pas plus comment se font en nous les sentimens qui naissent de ces rapports, ni comment nous nous en appercevons, que nous ne sçavons comment nous marchons quand nous voulons.

ARTICLE XXVIII.

Nous ne connoissons d'un objet que le sentiment qu'il excite en nous.

QUOIQUE nous éprouvions à chaque instant de la vie ce qu'on appelle sentiment, notre ignorance sur la maniere dont il se forme, est invincible. Mais si nous ne pouvons connoître les causes d'effets qui nous touchent de si près, à plus forte raison connoîtrons-nous moins encore celles des autres Etres naturels. Nous sommes à l'égard des autres individus qui nous environnent ce que seroit un homme à l'égard d'une cloche, s'il en entendoit le son, sans en avoir jamais vu. Il sentiroit que ce son imprime sur son ouïe; mais la cause qui l'a produit, il n'en auroit pas la plus légere idée.

Qui sommes-nous donc pour nous ingérer d'entrer plus avant dans les causes naturelles? La seule incertitude que nous pouvons acquérir à leur égard, c'est qu'elles existent, qu'elles ne se manifestent à nous que sous des apparences, qui souvent même sont très-incertaines, & dont nous jugeons toujours conformément à notre tempérament, & aux dispositions dans lesquelles nous nous trouvons au moment même où elles agissent sur nous.

J'ai vu des gens soutenir que les aromates les plus exquis, que le benjoin même sentoit fort mauvais. Le dernier siècle a produit un très-bon peintre qui voyoit tous les objets sous la teinte générale du jaune. J'aurois voulu sçavoir quelle impression faisoit sur lui le coloris de Rubens; elle n'étoit certainement pas la même que celle que j'éprouve en voyant les tableaux de ce grand homme. C'est de cette diversité de manieres de voir & de sentir qu'est née la multitude des systêmes, & je ne doute point que leurs Auteurs ne fussent pénétrés de la vérité des opinions qu'ils avançoient. Platon voyoit l'Hylée, Epicure les Atômes, Leibnitz les Monades; l'Immatérialiste Barklai ne voyoit rien.

ARTICLE XXIX.

Des Atômes sensibles de Démocrite. Epicure leur ôte le sentiment. Objection de Galien à laquelle Lucrèce ni Gassendi n'ont pû répondre.

On insiste toûjours sur les opinions, & jamais ou du moins rarement sur les faits. Il ne faut pas chercher d'autre cause du retard des progrès de la Philosophie. Je le répete, je crois que les hommes craignent la vérité, & qu'ils la cherchent comme une chose qu'on ne veut pas trouver. La marche ordinaire de l'esprit humain, est d'avancer une opinion qu'il s'accoutume bientôt à regarder comme vraie, & de bâtir sur ce fondement phantastique.

Démocrite se voyant arrêté sur le fait du sentiment des animaux, imagina d'animer les Atômes qui entroient dans la composition de leur individu. S'il eût consulté & suivi la nature dans leur génération, il ne se seroit pas trompé si grossiérement : il auroit vu que le sentiment est l'effet d'une certaine construction de fibres, de membranes, de vaisseaux & d'humeurs, qui ont entr'elles certains rapports; ce qui ne peut convenir à un Atôme.

Epicure, après s'être expliqué à soi-même, autant qu'il le put, la nature de l'Atôme, crut qu'un concours fortuit de ces portioncules matérielles pouvoit bien former des tissures, & produire des formes apparentes; mais il leur ôta le sentiment, & il fit bien. Voulant ensuite expliquer le sentiment, il fut barré par la difficulté & il la trencha en parlant seulement de la chose faite, sans chercher à expliquer comment elle se fait.

Vinrent ensuite Lucrèce & Gassendi. Le premier charma l'oreille par l'harmonie de ses vers; & l'on ne prit pas la peine de chercher pourquoi il plaisoit ni si ses raisonnemens étoient justes. On lui fit pourtant l'objection de Galien: il ne put la résoudre. Gassendi, venu longtemps après, ne fut pas plus heureux dans cette solution. Voici la difficulté. Si un Atôme, disoit Galien, n'a point de douleur, puisqu'il n'est point capable d'altération, deux, trois, quatre (& à l'infini) n'en doivent pas plus avoir qu'un monceau de terre que l'on bêcheroit. Au reste, il est fort inutile à un Physicien de sçavoir s'il y a des Atômes ou non, pour expliquer les phénomenes de la nature qui sont explicables.

Quelques Physiciens modernes donnent le sentiment aux esprits-animaux, qu'ils regardent comme des sels-volatils huileux, comme un feu ou une petite flamme qui circule comme un éclair de la tête aux pieds, & des pieds à la tête. Ils font de ces esprits l'ame sensitive des animaux; mais ils ne prennent pas garde qu'ils les douent de toutes les facultés de l'ame humaine. Heureusement cette opinion n'est pas mieux fondée que celle des Atômes de Démocrite & d'Epicure; car d'où proviennent ces esprits-animaux, ainsi que toutes les liqueurs ou humeurs qui circulent dans nos corps, si ce n'est des alimens, c'est-à-dire de choses mortes & inanimées ? Les esprits-animaux seront donc des effets sans causes, ou des Etres illusoires.

ARTICLE XXX.

Réfutation du Systême du P. Mallebranche.

LORSQU'UNE grande masse de lumiere se répand dans une nation, la masse des erreurs n'y diminue pas pour cela. Le dernier siècle, qu'on appelle en France celui de Louis XIV., en est la preuve. Dès que les Arts renaissent dans un pays, toutes les classes en veulent tirer avantage; & tandis que le Géometre & le Physicien réforment les anciennes fautes, & que le Logicien démêle le sophisme du syllogisme, le Théologien & plus encore le Métaphysicien tâchent de donner du corps à des chimeres.

MALLEBRANCHE parut dans ces

temps; il s'annonça comme le Vengeur de la Raison & de la Divinité: tous les Moines assurerent qu'il avoit tiré la vérité du fond du puits, & le Public le crut, parce qu'il faut croire quelque chose.

Il s'agissoit de parler de Dieu & du Monde, des Anges &c. Mallebranche crut pouvoir tout avancer, parce que les plus habiles ne pouvoient que nier ses propositions, sans en établir de meilleures. Il s'échaufa la tête d'une idée, & raisonna en conséquence. Ainsi quoique le mouvement soit un mode ou une propriété essentielle de la matiere, à laquelle il est toujours inhérent & sans laquelle il ne peut avoir lieu, Mallebranche le sépara pourtant de la matiere par la pensée. Il en fit une substance spirituelle semblable à ce qu'il supposoit être son ame, & il répandit cette substance par tout l'univers, comme l'est en effet le mouvement. Il croyoit par-là sauver l'inconvénient d'attribuer l'intelligence divine à la matiere. Après avoir ainsi travesti le mouvement de la matiere en une substance distincte d'elle, sans néanmoins qu'on pût lui attribuer d'étendue, ni de locacité, c'est-à-dire, d'être dans un lieu à la façon des corps, il l'a rendue autant infinie que son esprit a pû concevoir l'infini.

Après une lecture réfléchie du système de Mallebranche j'ai conclu que ce que ce Pere appelle Dieu ne peut être le vrai Dieu, & que ce n'est que le mouvement qui est répandu dans le monde; car le mouvement fait dans la Nature tout ce qu'il fait faire à son Dieu.

Les partisans de ce Métaphysicien ne sçauroient prouver que l'air, l'eau, les pierres, &c. ayent du sentiment & de l'intelligence. Il pouvoit se le persuader lui-même en considérant les dégrés & les moyens par lesquels sa propre intelligence s'est accrue depuis sa naissance jusqu'à l'heure où il a publié ses Ouvrages. Il aura vû alors que pour parvenir au point où elle est, son corps a subi quantité de changemens, de même que son intelligence, qu'il sçait bien s'effacer de temps en temps, sur-tout quand il dort.

Il faut cependant rendre justice au P. Mallebranche, il étoit modeste. L'aveu sorti de sa bouche, qu'il nous manquoit une bonne métaphysique, prouve qu'il pensoit & avec raison que la sienne n'avoit pas assez de solidité. Quel est en effet son procédé? Il commence par douter s'il a un corps, & s'il y a de l'étendue dans le monde. Il n'en est assuré que par la foi, dit-il. Il s'informe ensuite d'où lui viennent ses pensées, & comme il en a qu'il ne voudroit pas avoir, il les attribue à Dieu. Cela n'est ni métaphysique ni géométrique.

Passant à l'existence de Dieu, il la prouve par l'idée d'une infinité de perfections qu'il trouve lui-même dans son esprit, & qui lui viendroient du néant, s'il ne les recevoit pas de Dieu. Un homme reçoit un sac d'argent sans sçavoir de quelle part il vient. Il a seulement la certitude qu'il ne lui vient pas de Pierre : donc, conclud-t-il, il me vient de Paul. Voilà tout le raisonnement de Mallebranche.

La distinction qu'il fait entre son entendement & sa volonté, pour sauver ou plutôt pour rendre raison de ses erreurs, est pitoyable. Il ajoute que pour n'y plus retomber il lui suffit de n'acquiescer qu'à ce que l'entendement présente clairement & distinctement. Il n'acquiesçoit pas souvent apparemment, & il ignoroit que l'entendement est un penchant dont la volonté est l'exécution.

Par rapport à l'ame des Brutes, ce Pere en parle en Cartésien. Il les regarde comme de pures machines, sans faire attention que le mouvement du corps de l'homme ne se fait pas d'une autre maniere que chez les Brutes, d'une maniere machinale; & que l'on ne peut sçavoir si les pensées, même les plus spirituelles, ne tiennent rien de la machine de l'organe qui en est le siége.

Il restoit encore un pas très-glissant à faire; il falloit parler de la liberté & pour ainsi dire lui donner l'existence. C'est par-là que le P. Mallebranche finit ses méditations. N'osant soutenir qu'il n'a pas de liberté, parce que cela auroit révolté les Théologiens dont il avoit affaire, il essaye d'accorder la nécessité de ses actions avec la liberté qu'il sent avoir; & il se contente de dire que Dieu n'agit point en lui, sans incliner en même temps sa volonté. C'est, comme on voit, oublier que, selon ses propres principes, ses inclinations & sa volonté font une même chose, puisque Dieu constitue l'essence de celle-ci, comme l'essence de celles-là.

L'absurdité de ce raisonnement est

trop palpable, pour s'arrêter à la démontrer. Nous nous contenterons de dire que Mallebranche ne devoit point employer Dieu par-tout, comme il a fait, & que voulant écrire sur la métaphysique, il auroit mieux fait de tourner ses vues sur les actions de la nature, & de les séparer de leur sujet par la pensée. Par ce moyen, il ne se seroit pas avisé de prendre des actions naturelles pour Dieu, pour l'ame spirituelle, ni pour toute autre substance de ce genre; & il auroit proposé les choses telles qu'elles sont.

ARTICLE XXXI.

Les causes occasionnelles sont des chimeres, & le P. Mallebranche prend ses visions pour des substances spirituelles.

LES faux principes sont non seulement en plus grand nombre que les autres, mais encore ils sont plus féconds en conséquences. Ils peuvent éblouir pendant un temps les esprits superficiels; & leur vogue a pour mesure la durée de l'illusion. Tel a été le terme du succès

cès des méditations du Prêtre de l'Oratoire. On a cru d'abord qu'à l'aide de nouveaux principes, il avoit fait de nouvelles découvertes sur la nature du vrai; revenu de l'étonnement où son système avoit jetté, on a reconnu que ce n'est qu'un tissu de pures fantaisies par le secours desquelles ce Pere allie sans scrupule ce qui est naturellement séparé, sépare ce que la nature tient uni, & ajoute aux choses ce qui n'est point de leur ressort.

LE grand principe de ce Métaphysicien est que Dieu est toutes nos sensations & nos pensées: cependant l'ame & le corps, selon lui, ne sont pas plus capables de sentir la douleur, qu'une pierre qu'on met au four pour en faire de la chaux. Mais ce raisonnement implique une contradiction manifeste, puisqu'il suppose Dieu capable de souffrir & de ne pas souffrir en même temps. L'Auteur a senti lui-même cet inconvénient, & a cru le sauver par l'admission des causes occasionnelles; mais il n'en est pas moins réel, puisque les minéraux, les plantes & les Brutes s'engendrent par leur propre nature, sans qu'il soit besoin de faire intervenir de causes occasionnelles, de choc des corps,

& de communication de mouvemens, toutes choses qui n'existent que dans des têtes métaphysiciennes.

Au reste, le Mallebranchisme est peut-être le systême le plus étendu qu'on ait jamais donné. Il comprend les choses spirituelles, comment elles se distinguent des matérielles, comment elles s'unissent aux corps ; pourquoi elles les pénetrent sans les altérer ; pourquoi elles n'occupent point de lieu quoiqu'elles y soient présentes, & pourquoi enfin elles font toutes les propriétés des corps, sans y rien ajouter, ni en diminuer rien. Il résulte du total de ce systême, que tout ce que nous voyons, & que tout ce que nous sommes principalement est la propre substance de Dieu.

L'Auteur & plusieurs de ses Disciples ont cru qu'au moyen de ce systême on pouvoit expliquer, par des raisons naturelles, les mysteres de la Religion ; & je me souviens à ce propos qu'un jour disputant avec un Théologien très-entêté de cette philosophie, il me soutenoit que les moindres grains de sable étoient autant de petites images de la Trinité. Je lui dis qu'apparemment il prenoit la substance du grain de sable, pour le Pere ; le grain de sable qui en est produit, pour le Fils; & les propriétés de ce grain de sable, qui naissent de l'un & de l'autre, pour le Saint-Esprit. Alors le Théologien changea la conversation.

ARTICLE XXXII.

Il n'y a point de liberté d'indifférence absolue qui vienne de la nature; tout s'y fait nécessairement.

QUAND un Philosophe est tout à la fois métaphysicien & dogmatique, il donne à coup sûr de l'ouvrage à ses Lecteurs; & pour peu que son système ait de l'étendue, le commun des hommes, & même de bons esprits, s'en laissent prévenir, par la difficulté qu'ils rencontrent à en concilier tous les points. Il est un art d'éloigner les conséquences des principes, ou de les passer sous silence, de distraire le lecteur du principal objet; & les dogmatiques possèdent cet art dans le plus haut dégré de perfection.

Si Mallebranche eût dit net que l'homme n'est pas libre, comme cet aveu détruit toute Religion, il se seroit fait autant d'ennemis qu'il y a de gens intéressés à entretenir la piété des peuples. Son système néanmoins n'admet point que nous soyons libres, puisqu'il enseigne que nous sommes seulement un corps & une ame, que l'un & l'autre n'ont pas plus de sentiment, de mouvement ni de rapports ensemble, que deux blocs de marbre qui seroient en repos & qui se toucheroient. Dieu, selon ce Pere, en est lui-même l'union, les sensations, les pensées & l'intelligence, & il en fait toutes les actions. D'après ce raisonnement on prouve que Mallebranche a parlé contre ses principes quand il a dit qu'il avoit de la liberté, puisque, de son propre aveu, il ne sent pas en avoir plus qu'une souche.

Il y a quelque chose de plus. On découvre en suivant le fil de ce système, que le Dieu dont nous parle Mallebranche n'a point lui-même de liberté par les qualités qu'il lui donne; car il le rend esclave des causes occasionnelles, du choc des corps, & de la communication des mouvemens, & ne lui fait produire les effets de la nature que par ces moyens. D'où il suit que le Dieu de ce Pere fait les choses comme la nature, qu'il eſt la nature même, & qu'il n'eſt ſprituel, ni intelligent, que parce qu'il le conçoit ainſi, lui appropriant ſa propre intelligence, comme les Payens transféroient la leur aux ſtatues qu'ils déifioient.

Il faut convenir qu'il n'eſt pas aiſé d'expliquer la liberté dans le ſyſtême du Chriſtianiſme. Ce qu'on peut dire de plus plauſible ſur cet objet, c'eſt que notre liberté naturelle eſt l'effet de quantité de cauſes qui ſe ſuccedent les unes aux autres, & qui concourent unanimement à la produire, comme les différentes pièces d'une horloge, bien ajuſtées, marquent les heures, le mouvement de la Lune ou celui du Soleil. Mais cette liberté n'en eſt point une, à proprement parler, puiſqu'elle n'exclut point la néceſſité des cauſes : ainſi la liberté qu'on nomme d'indifférence & que nous avons, n'eſt point, rigoureuſement parlant, une choſe qui vienne de la nature. Car, quoique nous nous trouvions ſouvent dans un état où les cauſes, par les rapports qu'elles ont enſemble, ſont indifférentes à produire un tel effet plutôt qu'un tel autre, cela n'établit point la liberté d'indifférence abſolue, parce que la vie étant dans un continuel changement, il s'ôte ou il survient toujours quelque cause qui fait pencher la balance, qui auparavant étoit dans l'équilibre.

Les Docteurs donnent à l'ame humaine une autre sorte de liberté, en vertu de laquelle l'ame a la force de faire ou de ne pas faire les choses; mais comme cette propriété est toute théologique & spirituelle & qu'il faut la considérer sans aucun rapport avec les corps, nous croyons qu'au lieu de la discuter, il vaut mieux s'en tenir sur cet objet à la croyance de l'Eglise: des recherches ne pourroient conduire qu'au doute, ou peut-être au pyrrhonisme.

ARTICLE XXXIII.

Les plaisirs & les chagrins dépendent du corps, contre le sentiment du P. Lamy, Jésuite.

Nous ne dirons qu'un mot sur cet Auteur qui a joui d'une sorte de réputation, parce que sans sortir du système reçu, il a avancé de nouveaux sentimens. Voici comme il s'exprime

Page 363. de son Livre, ,,Il est faux,
,, dit-il, que je n'aye de sentimens que
,, par l'entremise du corps, puisque j'en
,, ai souvent qui n'y ont aucun rapport,
,, comme le plaisir que j'ai souvent d'a-
,, voir fait une action louable, & le
,, chagrin de n'avoir pas réussi dans une
,, entreprise; ce qui constamment n'est
,, point excité par le corps''.

Il suit de cette opinion que le corps ne seroit susceptible ni de plaisirs, ni de chagrins; mais n'est-on pas autorisé à croire que les Brutes ont ces passions comme nous? Est-ce le corps ou une substance spirituelle qui les éprouve en elles? Le P. Lamy se trompe donc en ce qu'il prend une infinité d'actions purement matérielles, pour des choses toutes spirituelles. C'est par une opération de son esprit, qu'il rend spirituelles & intelligentes les actions du corps, après les en avoir séparées par la pensée, & que d'une infinité d'actions corporelles il en fait une seule, telle que le plaisir ou le chagrin. Si le P. Lamy eût examiné de près, il auroit vû que la nature ne fait rien sans le corps; & pour se guérir de son préjugé il lui suffisoit de considérer un homme que l'on piqueroit dans un profond sommeil, qui le sentiroit & qui se remueroit, mais sans s'en appercevoir. Il se présente mille circonstances dans la vie qui peuvent servir à détruire l'hypothèse du Jésuite.

ARTICLE XXXIV.

Le Système de Spinosa est l'inverse de celui de Mallebranche. Spinosa veut que tout pense dans le monde & que la pensée y construise les mixtes. Examen de cette hypothèse.

LES Sceptiques sont d'accord sur l'existence d'une substance unique, avec Spinosa ; mais sur le reste, ils varient entre eux. Spinosa donne à toute la Nature le nom de Dieu, à la matiere comme au mouvement de la matiere; & suivant toujours son principe, il enseigne dans sa morale qu'il n'y a qu'une substance dont les attributs essentiels sont l'étendue & la pensée ; tellement que tous les corps de la nature ne sont que des modifications de cette substance, entant qu'elle est étendue & qu'elle pense.

Il régne dans tout le Systême de Spinosa une obscurité dans laquelle on peut soupçonner qu'il s'est enveloppé volontairement ; mais en l'examinant de près on remarque que s'il contient des traits de vérité frappans, il renferme aussi de grossieres erreurs. Si Spinosa eût suivi la nature dans la génération des animaux, il auroit vû 1°. que l'enfant, dans le ventre de sa mere, n'a point d'intelligence, pas même sitôt qu'il est venu au monde. 2°. Que la pensée est un ouvrage de long cours, qui demande quantité de préparatifs & de conditions sans lesquelles elle ne sçauroit éclore.

Les Spinosistes ôtent à la nature les sentimens de l'ouïe, de l'odorat, du goût & de l'attouchement, puisqu'ils ne lui reconnoissent d'attributs essentiels que la pensée & l'étendue : c'est ce qu'il faudroit prouver par des raisons évidentes, ou il faut convenir que le systême de Spinosa est, comme tous les autres, une invention de l'Esprit humain : Il faut accorder à la matiere toutes les propriétés qui font la vie & les actions des Etres, ou les lui refuser toutes, quand on raisonne conséquemment.

Si Spinosa ne se fût point amusé à

des spéculations abstraites, & qu'il eût consulté Hypocrate, il auroit appris que ce n'est point par la pensée que la nature trouve les voyes qui lui font produire ses ouvrages ; mais qu'elle le fait comme il faut, sans le sçavoir, de même que le sang nourrit & entretient la force & la vigueur des parties du corps, sans sçavoir ce qu'il fait. Spinosa a trop généralisé ses idées, & a pris les résultats de plusieurs modifications pour une propriété essentielle, sans considérer que si la nature ne produit les plantes & les animaux qu'à force d'intelligences, ces mêmes intelligences doivent avoir beaucoup de chagrin de voir tant de beaux tissus & d'arrangemens de parties, qu'elles avoient fait sans doute avec un grand soin dans les boutons de fleurs, dans les fruits & dans les animaux, tout détruits & réduits à rien par une infinité d'autres intelligences qui accompagnent la gelée & le mauvais vent.

On ne peut qu'hazarder des conjectures sur la formation de l'intelligence dans les Etres qui en sont doués ; mais on peut nier hardiment que l'intelligence soit une propriété essentielle de la matiere ; car cette propriété, si elle est essentielle, comme l'étendue, à la matiere, doit se retrouver dans les plus minces portions de cette même matiere. Alors tous les Etres seront intelligens, & le rocher pourra disputer avec le Philosophe. Nous sentons que nous sommes intelligens, mais nous nous appercevons en même temps que cette qualité est en nous le résultat de divers mouvemens, de différentes combinaisons, & qu'aucun de nos membres, considéré à part, n'est doué d'intelligence.

ARTICLE XXXV.

Réflexion sur les deux Systêmes de Mallebranche & de Spinosa. L'un & l'autre remplissent l'univers d'une infinité de Dieux.

SI l'on veut regarder le fond du systême de Spinosa comme une pure fiction imaginée pour combattre d'autres Philosophes, c'est un chef-d'œuvre dans son genre; mais si on vient à le considérer comme un tissu de vérités constantes, il faut, pour raisonner conséquemment, admettre autant d'intelligences ou de Dieux distingués les uns des autres, qu'il y a de particules matérielles dans le monde ; car, selon ce Philosophe, la matiere pense par-tout, puisque la pensée est un de ses attributs essentiels, comme est l'étendue. Il est aisé de dire qu'il n'y a qu'une intelligence dans le monde; mais une semblable intelligence ne peut être rendue générale que par notre conception, & cette opération de l'esprit n'empêche pas que les particules matérielles qui composent les corps, n'ayent chacune leurs pensées particulieres, comme elles ont leur étendue. Donc le Système de Spinosa, pris à la lettre, engendre la pluralité des Dieux.

Celui de Mallebranche a le même défaut. Dans le principe de ce Pere où tout est Dieu, un million de particules qui viennent de chaque grain de la poudre enflammée sont autant de Dieux différens, par la différence dont ces particules sont poussées, l'une à droite, l'autre à gauche, &c. Les deux Systêmes de Spinosa & de Mallebranche rentrent exactement l'un dans l'autre, quant aux conséquences, & cela est d'autant moins surprenant qu'ils ont une origine commune, qui est le Cartésianisme. Ils ne different qu'en ce que Spinosa attache l'intelligence à la matiere, & que Mallebranche l'en sépare par la pensée, pour l'appliquer au mouvement ou à la force de la nature seulement; & si l'on prend la peine de les examiner scrupuleusement, on verra qu'ils sont aussi chimériques l'un que l'autre, malgré la réputation de leurs Auteurs.

On ne sçauroit disconvenir néanmoins que le Philosophe qui écrivit le premier sur ces matieres, ne l'emporte de beaucoup sur le Prêtre de l'Oratoire. Si un Sceptique étoit contraint de se décider, point de doute qu'il ne préférât d'admettre le système de Spinosa, avec quelques corrections. Celui de Mallebranche a eu plus de partisans parce qu'il s'y rencontre plus d'absurdités, & que l'autre exige plus de force de caractere dans celui qui l'adopte.

ARTICLE XXXVI.

L'ame des animaux n'est autre que les fonctions de leur corps, ainsi elle ne peut passer d'un sujet dans l'autre.

L'ERREUR ne prescrit point, & de quelque antiquité qu'elle date, il ne faut point s'y soumettre quand on l'a une fois découverte. On pourroit néanmoins excepter de cette régle certains usages indifférens & certaines opinions dont l'admission ou la réjection ne sont d'aucune influence sur le bonheur de la vie. Mais on ne peut placer dans la classe des choses absolument indifférentes l'opinion qui veut que les ames au sortir des corps en vont habiter d'autres. Dès qu'il s'agit d'éternité d'existence, de bonheur ou de malheur sans fin, il faut y apporter toute son attention. Rien n'est plus intéressant pour nous.

CE que nous avons dit ci-devant du procédé de la nature dans la formation des individus animés & de leurs propriétés, ainsi que dans leur destruction, suffit pour montrer la fausseté du système qu'on appelle la Métempſycoſe, ou tranſmigration des ames : nous ne le répéterons donc pas, & nous nous contenterons de dire que, puiſque les animaux, les inſectes & les plantes ſe forment d'un humide radical ou d'une ſeve qui fait tout en eux, humeurs, ſtructures de parties, & fonctions, leur ame n'eſt que les fonctions de leur corps, que des modes ou façons d'être ; elles ne peuvent abſolument paſſer d'un ſujet en un autre, ni exiſter ſéparément de l'individu dont elles ont fait la vie.

ARTICLE XXXVII.

Il n'y a point de formes ſubſtantielles qui ne ſoient matérielles.

LES Philoſophes qui ont admis la Métempſycoſe, prétendoient pour ſe fonder dans leur opinion, que les deſſeins de Dieu ſont des idées éternelles, qui repréſentent toutes les eſpeces d'Etres qui ſont au monde, & dont elles ſont les propriétés, les modes, l'eſſence &c. Ils ajoutoient qu'elles ſont diſtinctes de la matiere, jamais ſingulieres & toujours générales ; ensorte que celle qui, par exemple, représente l'homme, n'est qu'une pour tous les hommes, de même que celle du cheval n'est qu'une pour tous les chevaux. Ce système fastueux se détruit dès qu'on vient à examiner la nature, & cet examen dans lequel le lecteur a dû nous suivre, montre évidemment qu'elle fait elle-même ses formes substantielles, sans les distinguer de la matiere qui en est la base ; & que selon les temps, les lieux & les circonstances, elle digere cette matiere, l'échaufe & la tourne de façon qu'il en résulte enfin une forme substantielle qui produit réellement les choses à quoi elle est propre ; ce que ne peuvent faire les formes substantielles spirituelles dont on parle, attendu qu'étant spirituelles elles pénétreroient toutes les particules matérielles sans y laisser aucune trace de leur passage ni aucune configuration par conséquent.

Si le mouvement étoit étranger à la matiere, on avoue qu'il faudroit recourir à des causes surnaturelles pour la production des Etres ; mais s'il lui est inhérent, comme le croyent les Sceptiques d'après l'expérience, il peut faire tout ce que Platon, Pythagore & d'aud'autres Philosophes attribuent à leurs formes substantielles sans matiere.

ARTICLE XXXVIII.

Rien n'est universel dans la nature; tout y est singulier.

L'existence des formes substantielles, entant qu'elles sont générales & distinctes de la matiere, est contradictoire; car il n'y a rien de général dans la nature; tout y est singulier, individu & unité, ainsi que le montre l'expérience. Le Genre n'est qu'une idée en partie de ce qui est contenu dans les Especes; l'Espece une idée en partie de ce qui est contenu dans chaque individu. Les idées ne représentent donc les choses qu'en partie; mais cela n'empêche pas que la nature ne soit composée d'unités seulement.

C'est par les idées que nous nous faisons, que nous généralisons les especes; mais quand à l'aide de la raison nous détruisons ces phantômes de l'imagination, nous sommes forcés d'avouer que tout ce qui est compris sous des genres & des espèces est réellement singulier.

Pour appuyer leurs sentimens, les Sceptiques soutiennent que les corps qui se voyent dans le monde sont des amas d'unités, qui ont chacune l'essence & les propriétés essentielles qu'ont les autres ; que ces unités sont impénétrables, étendues, divisibles, mobiles & pliables, & qu'une seule d'entre elles renferme la même réalité qu'ont toutes les autres. Quiconque donc en connoîtroit parfaitement une, connoîtroit tout ce que la nature a d'essentiel & de réel, puisqu'il n'y a de diversité, même dans les apparences, que l'arrangement, les figures & les rapports des parties des corps. Qu'est-ce qu'un corps en effet, sinon un amas d'unités & d'individus, tel qu'un monceau de bled qu'on exprime par un seul nom & une seule idée ? Il en est sans doute de même de l'idée que nous nous formons de l'univers : nous comprenons par elle tout ce qui est dans le monde. De votre aveu, dira-t-on, nos conceptions ne nous apprennent rien de vrai. Les Sceptiques répondent à cela qu'ils se conduisent selon les apparences des choses, sans chercher à les connoître davantage, & se consumer en de vaines recherches.

ARTICLE XXXIX.

L'ame du monde des Stoïciens est seulement une idée, & n'a point d'existence particulière.

Nous avons peu d'axiomes d'éternelle vérité, mais quand une proposition est telle qu'avec son secours on explique les phénomenes de la nature, elle change en quelque sorte de genre & devient une espece d'axiome. Au contraire, les principes, tant accrédités qu'ils soient, qui, loin de rien expliquer, embrouillent tout, ne peuvent être regardés comme des principes que par ceux que l'entêtement ou la stupidité dirige, & qui ont intérêt de perpétuer l'erreur.

D'un côté les Stoïciens soutiennent que l'ame du monde est un Etre réel, distinct de la substance matérielle qui est partout: les Sceptiques le nient, & soutiennent à leur tour, que cette substance ne peut être distinguée de la matiere,

G 2

puisqu'elle seule peut produire l'ordre & l'arrangement qui se voit dans le monde, sans l'intervention de cette prétendue ame distincte, comme, ou à-peu-près, la sève produit dans les plantes toutes leurs qualités & leurs vertus.

Quoique nous ne connoissions pas la nature de la substance universelle & matérielle, & que nous ne sçachions pas au juste ce qu'elle est capable de faire, il est plus que vraisemblable qu'elle est la vraie cause de l'ordre du monde, du moins elle seule peut servir à en expliquer plusieurs phénomènes sensibles, ce que ne peut faire l'ame des Stoïciens, qui n'existe qu'en idée comme celle des Brutes. On ne la connoît que par les actions qu'elle produit, que par les ouvrages de la nature, qui, selon même les Philosophes que nous combattons, se tirent immédiatement de l'essence de la matiere. Pour se décider, au reste, entre ces deux opinions, il faut recourir à ce que nous avons dit au commencement de cet article.

ARTICLE XXXIX.

Du premier Elément qu'a inventé M. Hart-
soeker pour secourir la nature dans la
production de ses effets.

CE Philosophe ayant adopté le systême de l'inertie de la matiere, & voyant que les opinions de ceux qui l'avoient précédé, ne pouvoient suffire pour expliquer la formation des Etres, osa créer un premier Elément, producteur de tout ce que nous voyons. La ruse ne lui réussit pas, parce qu'on reconnut l'ame du monde des Stoïciens, & ce que le P. Mallebranche appelle Dieu, dans ce premier Elément. Son Auteur même s'appercevant que les modifications de son esprit pouvoient n'être pas toujours des réalités, consentit à l'abandonner, pourvû qu'on pût sans son secours expliquer le ressort des corps.

LES Sceptiques ne seront point embarrassés pour lui donner une solution. Selon eux le ressort des corps vient de ce qu'il se trouve de l'air dans les pone soient une portion d'elle même res de ceux qui font ressort, comme dans tous les autres, mais en diverse quantité. Pour établir leur sentiment ils vous prouvent que le corps se redresse par la seule dilatation de l'air qui est dans ces pores, d'où ils concluent que le premier Elément est absolument inutile, pour expliquer la vertu élastique, ou le ressort des corps.

ARTICLE XXXXI.

La nature fait une infinité de choses par la condensation & la raréfaction de l'air, le ressort de l'air est la force de la Nature. L'Ether ou Matiere subtile ne produit point d'effets sensibles.

IL semble que depuis qu'il existe des Religions dans le monde, tous les Philosophes des diverses opinions, se soient principalement attachés à enlever à la Nature ses propriétés, comme si l'inertie de la matiere étoit une condition absolue de l'existence de toute Religion. Mais en privant la nature de ses qualités, quels agens y ont-ils substitués qui ne sortent de cette même nature, qui ne soient une portion d'elle même ou une de ses modifications? Nous ne voyons rien au delà des corps: lors donc qu'on s'éleve au dessus, ce n'est plus qu'erreur & illusion.

Les propriétés essentielles de l'air, par exemple, qui sont, comme on sçait, la condensation & la raréfaction, sont la cause prochaine du ressort des corps, & l'expérience de la pompe aspirante & du canon &c. prouve que l'air se trouve dans les Mixtes, comme partout ailleurs. Cet agent de l'élasticité des corps a paru trop commun à quelques Philosophes, & ils y ont substitué la Matiere subtile. Mais la Matiere subtile pénetre tout sans y laisser de traces: elle n'est donc point la cause du ressort des corps élastiques. Il n'y a donc point d'effervescence, de fermentation ni de gonflement, que l'air n'en soit la cause prochaine, sans que la Matiere subtile y contribue en rien. Les effervescences & les gonflemens des liqueurs ou autres corps sont la raréfaction des particules aëriennes, qui se trouvent dans leurs pores; & il faut que cela soit ainsi, puisque rien autre n'est capable d'expansion.

G 4

La Nature seule forme l'intelligence des Brutes, on en convient, mais elle le fait avec tant de détours, qu'on ne peut décider si elle peut, ou non, être ailleurs que dans les Animaux qui en sont doués. Si, comme l'admettent les Sceptiques, le ressort de l'air est la force de la Nature, que les Physiciens déifient faute de la connoître, il est inutile de chercher ailleurs que dans la matiere la cause de l'intelligence de certains Etres. Cette force ou ressort de l'air étant par-tout dans la nature, pourroit bien faire & les générations & les corruptions de tout ce monde sublunaire ; & l'agent & le sujet se trouvant être également matériels dans ce systême, on a pû naturellement en conclure la parité de la vie & de la mort.

L'EXPÉRIENCE d'une vessie de cochon mise dans la machine de Boyle, fait voir que l'Ether ou matiere subtile n'est point propre à exécuter des effets qui viennent des particules aériennes. Il est bien vrai que l'Ether se fourre partout dans la nature ; mais il n'en est pas moins, par cette expérience, qu'il n'est capable de condensation, ni de raréfraction, d'impulsion ni d'attraction, & qu'il traverse les corps sans les altérer ni les changer.

ARTICLE XXXXII.

Il n'y a ni Atômes ni Vuide dans la Nature. Les raisons pour ou contre les Systêmes du monde, n'éclaircissant point les matieres, le doute est le résultat des recherches les plus profondes.

L'EXPÉRIENCE que nous venons de rapporter prouve sans réplique que l'Elément de M. Hartsoëker ne peut, non plus que la matiere subtile, causer dans la nature aucun effet apparent. Les Atômes, qui sont encore infiniment plus déliés, puisqu'il n'y a peut-être point de particule de la matiere subtile, qui ne soit un amas de quantité d'Atômes, ne sçauroient non plus être causés d'aucun effet sensible. Je vais plus loin, & je dis que si la matiere est, selon notre conception, toujours divisible, il ne peut y avoir d'Atômes; car l'Atôme est essentiellement indivisible, sans quoi il faudroit entrer dans des subdivisions

G 5

inexprimables, & l'Atôme perdroit son nom.

Je nierois aussi volontiers l'existence du Vuide, quand je considere que l'air qui est autour de la terre, est si fort pressé par le poids de l'Athmosphere & que l'Ether ou matiere subtile est d'une nature si flexible & si mobile qu'elle passe au travers des pores même du verre, qu'ils remplissent nécessairement tous les espaces.

Toutes les disputes ne servent qu'à rendre les choses plus problématiques; on triomphe lorsqu'il ne s'agit que de détruire les opinions d'autrui; mais lorsqu'il est question d'établir la sienne, on s'apperçoit que le faux ou l'impossible perce de tous côtés. Il n'est qu'un petit nombre de vérités géométriques; & si nous y joignons celle qui concerne l'existence d'un Etre suprême qui a tout arrangé pour le mieux, de laquelle nous n'acquérons la connoissance que par la voye de la raison & de la réflexion, il faut s'en tenir là. Tout ce qui excede ces bornes étroites pourroit bien n'être qu'erreur; car enfin si les sentimens des Philosophes que nous venons de réfuter, ne sont que des idées ou des modes de l'esprit, les raisons dont nous nous som-

mes servis pour en faire voir la fausseté, ne sont pas d'une autre espece.
Plus l'on s'appesantit sur les recherches
& plus on trouve de raison de douter;
& cela vient sans doute de ce que nos
idées varient selon les temps, & selon
les différentes constitutions de nos sens,
par l'entremise desquels nous voyons
le pâle au travers des pores même du
verre, qu'ils remplissent nécessairement

ARTICLE XXXXIII.

La Justice & l'Injustice,
ce ne sont pas des Etres réels.

SI la Nature comprend tout, si elle
fait nécessairement & sans choix tout
ce qu'elle fait, une chose ne peut être
meilleure qu'une autre à son égard ni à
l'égard des Etres qu'elle modifie, entant
que ces modes ne lui sont essentiellement rien. Le Bien & le Mal étant
seulement des effets de la Nature, les
Sceptiques ont trouvé l'origine de ce
dernier, que les Dogmatiques ne décou-
vrent qu'avec des peines extrêmes; &
ils en ont conclu que ces deux modes
de la nature ne sont qu'une seule &

même chose, ainsi qu'ils le pensent de la vie & de la mort; & il paroît conséquent de ne point imputer à une Cause aveugle & nécessaire le Bien ou le Mal qu'elle peut produire. Il ne s'ensuit pas de là que nous puissions commettre le Bien ou le Mal indifféremment. Ce qui n'est rien par rapport à la Nature insensible, est quelque chose par rapport à nous & à la société; ensorte que quoique, selon les Sceptiques, il n'y ait ni ordre ni désordre dans le monde, & que ces choses n'existent que relativement au jugement que nous en portons, l'honneur & la crainte de ce jugement doivent nous porter à vivre dans la retenue, & à nous abstenir de tout ce qui est taxé d'infamie ou seulement de deshonnêteté par les loix sous lesquelles nous vivons.

ARTICLE XXXXIV.

La Vie & la Mort ne sont que des façons d'Etre. Le sang contribue à l'entretien de la Vie & les émanations de la semence servent à la fortifier.

PEUT-ÊTRE depuis la première origine des Etres n'a-t-on pas cessé de répéter qu'il faut rendre les hommes heureux. J'ignore où en est aujourd'hui cette grande opération. Si des chefs des sociétés ont toujours affecté d'essayer divers moyens de produire le bonheur des peuples, plus intéressés qu'eux à sa possession, ont souvent crié à haute voix qu'il falloit enfin que le bonheur parût. Les Princes qui promettoient & les peuples qui attendoient étoient les uns des fourbes, les autres des dupes : peut-être étoient-ils seulement tous dans l'erreur. Peut-être ignoroient-ils qu'il est aussi impossible de rendre heureux un homme qui par sa disposition organique est malheureux, que de mettre un vaisseau à flot avec une ceinture.

DANS des circonstances critiques où

l'autorité usurpée avoit à craindre qu'on n'exigeât par la force ce qu'elle avoit promis par foiblesse ou par ruse, des Dogmatiques s'élevèrent du sein des sociétés. Ils commencèrent par séparer des accidens de la nature, de la nature elle-même, & ils en firent des substances distinctes d'elle. Controuvant ensuite une cause à des maux dont ils ne vouloient point reconnoître la nature pour l'auteur, ils les rendirent nécessaires, & les considérèrent comme autant d'effets d'un mal primitif commis à une époque qu'ils déterminèrent.

Les Maux ne faisoient que s'aggraver par cette supposition, il fallut adoucir l'hypothèse desespérante qu'on ne voit que pour être malheureux. Alors la vie devint l'effet d'une volonté connoissante, qui n'en accordoit les conditions que sous la clause expresse qu'on l'employeroit à satisfaire une dette originelle, & suivant un certain régime exprimé par l'organe des Ministres de la premiere Cause par laquelle on vivoit.

Une vie laborieuse & souvent terminée par d'effroyables douleurs, n'avoit pas de quoi faire chérir l'existence. Pour la rendre supportable on envisagea la mort comme la cessation des fonctions naturelles seulement, & comme le premier terme d'une nouvelle façon d'être dont le bonheur ou le malheur dépendroit du plus ou moins de soumission qu'on auroit eu pour le régime prescrit. Ce systême, si consolant pour la plupart des hommes, ne fut point adopté par les Sceptiques. Ils refuserent constamment de se soumettre à un dogme dont la croyance, disoient-ils, ne pouvoit que les retenir dans l'illusion. Leur erreur est bien pardonnable, puisqu'elle étoit causée par des perceptions de leurs sens. On leur fournissoit des raisonnemens; ils répondoient par des expériences physiques pour être malheureux. Si la vie des animaux, disoient-ils, dépendant aussi essentiellement qu'elle fait du mouvement régulier des humeurs, ainsi que des liaisons & de la construction des parties solides, qu'il faut nécessairement que la vie & la mort ne soient rien de réel, or ce que vous promettez & ce dont vous menacez ne peut tomber que sur des substances, & jamais sur des accidens. Il est si vrai, ajoûtoient-ils, que la vie n'est rien de réel, que les façons d'être dont elle résultes ne sont pas un moment dans le même état, & que la mort n'est que d'autres façons d'être qui passent quelquefois de là à la vie.

Ce n'est pas là la seule raison qui se fondoit dans leur opinion. Ils avoient apperçu que c'est par le milieu du sang que l'animal est un individu, une seule chose, quoique composé d'une infinité d'autres. En effet, le sang est toujours de part dans les actions des animaux; il leur communique la vie en même temps, & donne à chacun la portion qui lui convient, sur-tout de ce principe de vie que le sang puise de l'air, & qu'il recueille dans les poumons par la respiration, sans laquelle la vie des animaux non plus que le feu, ne sçauroit subsister un moment.

Dans le principe des Sceptiques la semence & ses émanations étoient regardées comme une source de vie dans les Animaux; & l'expérience a montré que quoiqu'un enfant paroisse naître parfait, cependant il se fait insensiblement une addition de petites parties qui forment la semence. On sçait encore que jusqu'à dix ou douze ans elle n'est d'aucun usage, qu'elle se fortifie jusqu'à quarante ou quarante
cinq

cinq ans, qu'alors elle commence à décliner, ainſi que le reſte du corps, qui déchoit auſſi à proportion, & qui peu à peu perd ſes fonctions, dont l'exercice ſeul fait ce qui s'appelle la vie des Animaux, ſelon les Sceptiques.

Je ne garantis pas leur principe, mais du moins ne peut-on diſconvenir de la juſteſſe de leurs conſéquences. Car ſi la vie des animaux n'eſt autre que les fonctions de leur corps, & la mort que la ceſſation de ces mêmes fonctions qui ne peuvent plus ſe faire quand le corps eſt dérangé, il en réſulte clairement que la vie & la mort ne ſubſiſtent que ſous certaines conditions, & qu'elles ſont dans le même corps, qu'un tour de main au deſſus deſſous eſt la même main, qu'elle ſoit plate ou renverſée.

ARTICLE XXXXV.

Les façons d'être ne peuvent devenir des ſub-
ſtances; & c'eſt pour avoir crû qu'elles en
étoient, que les Dogmatiques ont erré.

PERSONNE ne s'eſt jamais aviſé de prétendre que la rondeur & la blancheur ſoient des ſubſtances diſtinguées

H

des corps ronds & blancs qu'elles modifient, les Dogmatiques mêmes se seroient bien gardés d'avancer une proposition aussi absurde par rapport à des Etres ou à des individus qu'ils regardent comme purement matériels. Ils ont singularisé leur hypothèse & l'ont réduite à l'homme seul. Mais des modifications, ou façons d'être, quelque nombreuses qu'elles soient, qu'elles viennent de la nature ou qu'elles semblent procéder d'autre origine, ne sont jamais rien sans le corps qu'elles affectent, & ne sont même que le corps, auquel elles ne peuvent ajouter ni ôter la moindre chose. Ces façons d'être n'étant que des accidens de l'individu, comme la rondeur en est une du corps rond, elles ne peuvent être considérées comme distinctes de nous, ni à plus forte raison comme des substances d'une autre nature.

Si donc il faut, comme l'ont pensé les Sceptiques, que les parties unies ou désunies de mon corps, soient toujours le même corps ou la même substance, il suit nécessairement que la vie & la mort n'étant qu'union & désunion des parties du corps, doivent toujours être le même corps ou la même substance.

ARTICLE XXXXVI.

La vie des animaux n'est pas un moment dans le même état.

LA vie n'étant que le résultat, que ce qui se manifeste de l'organisation, & les organes ne se formant & ne s'entretenant que sous la condition de certains alimens qui varient eux-mêmes à raison des nécessités ou des goûts, il est impossible qu'elle soit à l'instant (je parle en rigueur) ce qu'elle étoit auparavant. Elle va toujours croissant ou diminuant. Ce sentiment n'est point nouveau. Quelqu'un a dit anciennement que celui qu'on avoit prié à dîner le soir d'un jour, n'étoit plus le lendemain le même convive.

TOUT nous dit que la vie ne subsiste que par un continuel changement. Si donc il y a des conditions absolument nécessaires à la vie, qui soient supprimées, la mort en prend la place. Si au contraire il y en a d'ajoutées, la mort cesse & la vie lui succede. Ainsi la vie des animaux n'est qu'un enchaînement de certaines façons d'être, & la mort en est le dérangement, tellement que la vie & la mort changent alternativement de l'une en l'autre. Donc la vie n'est rien & ne tient à rien, non seulement parce qu'une infinité de causes peuvent en arrêter le cours, mais encore parce que la substance qui en est le sujet est indifférente à ce qu'elle soit morte ou vivante; conservant également dans la vie & la mort toutes ses propriétés essentielles.

ARTICLE XXXXVII.

Les inclinations & les aversions des animaux sont un concours d'actions qui se lient & se succedent comme une chaîne.

LA vie des animaux & leur ame sont la même chose, & ne peuvent être que les fonctions de leur corps. C'est en distinguant ces fonctions de l'individu qui les a, qu'on a fait l'ame appellée sensitive. Les Dogmatiques ont bien osé dans leurs systêmes assigner diverses propriétés essentielles à différens individus d'un même genre, comme l'inſtinct aux Brutes & la raiſon aux hommes. Mais cet inſtinct ne peut être diſtingué de leurs ſens ou de leurs organes; car qui le produiroit en elles? Cependant il eſt plus fort que la raiſon même. Ce n'eſt qu'après bien des détours que celle-ci nous découvre, ce que l'inſtinct montre aux Brutes en un inſtant: d'où les Sceptiques concluoient ſon inutilité, au moins.

Les actions étant une ſuite des ſentimens qu'éprouve l'organe qui en eſt ſuſceptible, doivent toutes venir de quantité de cauſes qui concourent & qui tendent toutes à les produire, comme l'organe eſt produit lui-même par une multitude d'autres cauſes. Ces cauſes des actions aboutiſſent à l'organe principal, d'où naît immédiatement l'action à laquelle on donne un nom qui ne déſigne qu'une ſeule & ſimple choſe, quoiqu'elle ſoit très-compoſée. Mais ſi cela eſt, comme les apparences le montrent ſenſiblement, la nature tient donc de l'infini dans les moindres de ſes parties, car il n'en eſt point qui n'ait dans ſes actions un enchaînement de cauſes dont l'eſprit humain ne ſçauroit voir le bout.

ARTICLE XXXXVIII.

Nous pouvons prendre les inclinations des Bêtes. L'esprit suit le penchant du corps.

CETTE aptitude qu'a l'homme à prendre les inclinations des Brutes, a donné beaucoup d'embarras aux Dogmatiques, & sert de triomphe aux Sceptiques. Nous ne concevons pas en effet comment une ou plusieurs substances spirituelles sont contraintes de céder à des agens matériels, qui ne peuvent avoir aucune prise sur elles. L'humide radical, disent les Sceptiques, fait toutes les actions des Brutes, & il en est le premier & le grand mobile : on est forcé d'en convenir, sinon l'on tombe dans l'inconvénient de leur donner une ame spirituelle. Mais par toutes les maladies qui portent au cerveau & qui y donnent des atteintes, ne paroît-il pas que des causes matérielles forcent l'esprit comme le corps à faire des fonctions conformes à leur nature? Considérons un homme mordu d'un chien enragé, & qui tombe dans l'hydrophobie: ne prend-il pas toutes les inclinations de l'animal qui lui a transmis par la morsure le levain de la rage?

Les inclinations & les aversions des animaux, quelque diversifiées qu'elles soient, viennent donc de la nature particuliere de la féve ou de l'humide radical qui les engendre & qui y domine, après avoir fait de sa propre substance la merveilleuse construction de leurs parties, & disposé le mouvement de leurs humeurs, les fibrations & les mélanges qui s'en font, sans le secours d'aucune cause étrangere.

ARTICLE XXXXIX.

De l'ordre en général que tient la nature dans la production de ses effets.

L'HUMIDE radical dans les animaux, comme la féve dans les plantes, prépare d'abord les organes, & les unit insensiblement, pour les rendre capables, avec le temps, des fonctions que la nature leur accorde. La vie ne s'introduit point dans tout le corps des animaux, autrement que dans un de leurs organes : l'homme n'a d'être parfait qu'autant que chacun de ses organes en particulier a acquis cette propriété d'être ; mais alors dans quelle partie du corps placerons-nous cette substance qui seule l'anime suivant les Dogmatiques ? Et si la vie ne consiste seulement que dans toutes les actions du corps, elle n'est donc que des modes ou façons d'être ; de même que la mort, qui est l'évanouissement de toutes ces actions, n'est autre chose que des modifications contraires à celle de la vie.

Par toutes ces observations on est conduit à nier l'existence de cette substance spirituelle que les Dogmatiques prétendent agir en nous. La nature fait aveuglément le cœur de l'animal & lui donne du mouvement & de la vie, par conséquent, avant l'immission de l'ame : mais celle qui construit bien le cœur & ses arteres, ne peut-elle faire, sans aide, un cerveau bien ou mal organisé ? Le cœur qui bat, l'œil qui voit, le cerveau qui pense, partent-ils d'une même origine ? Dieu a-t-il imprimé à la nature la force nécessaire pour produire au hazard tous ces effets ; ou bien la matiere est-elle inerte, & chacun de ses modes sensibles est-il la suite ou le résultat d'une volonté particuliere d'une premiere cause distinguée d'elle, & qui agit sur elle comme le potier sur son argile? Je ferois volontiers une autre question: ces objections seront-elles jamais résolues d'une maniere satisfaisante? Il faut en douter autant de temps qu'on employera ce raisonnement : la matiere ne pense pas ; je pense : donc je ne suis pas matiere. On répond à ceux qui font ces argumens: Messieurs, la matiere construit un cœur humain organisé, d'où vient ne feroit-elle pas bien un cerveau? D'ailleurs le cerveau d'un lézard est-il plus facile à construire que celui d'un sot? Prenons des instrumens & recourons à la méthode des Géometres. Peut-être *A* le premier terme, qui sera le cœur, multiplié par *B* autre viscere, ou seulement par la fève ou l'humide radical qui l'a produit, donnera-t-il *C* qui sera la pensée.

www.ingramcontent.com/pod-product-compliance
Lightning Source LLC
Chambersburg PA
CBHW060209100426
42744CB00007B/1222